Maîtrisez l'art du vin infusé maison

100 RECETTES POUR SUBLIMER VOTRE VIN MAISON

Pauline Jean

Tous droits réservés.

Clause de non-responsabilité

Les informations contenues dans ce livre électronique sont destinées à servir de recueil complet de stratégies sur lesquelles l'auteur de ce livre électronique a fait des recherches. Les résumés, stratégies, trucs et astuces ne sont que des recommandations de l'auteur, et la lecture de ce livre électronique ne garantit pas que les résultats de chacun refléteront exactement les résultats de l'auteur. L'auteur du livre électronique a fait tous les efforts raisonnables pour fournir des informations actuelles et précises aux lecteurs du livre électronique. L'auteur et ses associés ne seront pas tenus responsables de toute erreur ou omission involontaire qui pourrait être trouvée. Le contenu du livre électronique peut inclure des informations provenant de tiers. Les documents tiers comprennent des opinions exprimées par leurs propriétaires. En tant que tel, l'auteur du livre électronique n'assume aucune responsabilité pour tout matériel ou opinion de tiers. Que ce soit en raison de la progression d'Internet ou des changements imprévus dans la politique de l'entreprise et les directives de soumission éditoriale, ce qui est énoncé comme un fait au moment de la rédaction de ce document peut devenir obsolète ou inapplicable par la suite.

Le livre électronique est protégé par le droit d'auteur © 2024 avec tous les droits réservés. Il est illégal de redistribuer, de copier ou de créer des œuvres dérivées de ce livre électronique en tout ou en partie. Aucune partie de ce rapport ne peut être reproduite ou retransmise sous quelque forme que ce soit sans l'autorisation écrite expresse et signée de l'auteur.

TABLE DES MATIÈRES

TABLE DES MATIÈRES..4
INTRODUCTION..8
VINS INFUSÉS..11
   1. Vin infusé à la sangria blanche..................12
   2. Oranges et figues au vin rouge épicé...........15
   3. Vin infusé au café à l'anis étoilé..................18
   4. Rose, fraise et raisin et vin..........................21
   5. Je fais des pêches au vin............................24
   6. Vin au citron et au romarin.........................26
   7. Vin de kiwi fait maison...............................29
   8. Mangues au vin..31
   9. Vin de pissenlit...33
   10. Vin de pomme chaud................................35
   11. Coupe de vin de canneberge chaud au coin du feu....38
   12. Vin de poivre..41
   13. Ananas au porto.......................................43
   14. Vin de rhubarbe.......................................46
   15. Vin épicé et chaud...................................49
   16. Vin infusé aux canneberges.....................51
   17. Vin infusé à la framboise et à la menthe...53
   18. Vin infusé d'amour...................................55
   19. Pommes au vin rouge..............................58
   20. Vin de poivre de Barbarie........................61
   21. Vin de dessert à l'orange..........................63
   22. Orange au sirop de vin rouge...................66
   23. Vin d'orange...69
   24. Vin de gingembre.....................................72

25. Vin chaud..74
26. Refroidisseur à vin..77
27. Lait de poule au vin..79
28. Vin frais à la pêche..82
29. Vin infusé au thé vert...84
30. Daiquiri au vin rafraîchissant.....................................86
31. Cocktail melon et fraise...88
32. Vin scintillant de bijoux..91
33. Vin de romarin et thé noir...94
34. Spritzer au thé Earl Grey..97
35. Chocolat chaud infusé au vin...................................99
36. Punch aux canneberges et au vin..........................102

ALIMENTS INFUSÉS AU VIN...104

37. Compote de fruits et de vin....................................105
38. Truffes au chocolat..108
39. Crème glacée aux fraises..111
40. Mousse de melon au vin musqué..........................114
41. Gâteau israélien au vin et aux noix........................117
42. Biscuits au vin..120
43. Fondue au vin de groseille.....................................122
44. Gâteau et pudding au vin.......................................125
45. Granité au vin rouge et aux myrtilles.....................128
46. Coupé melon et myrtille..131
47. Tarte au citron vert et crème au vin......................134
48. Rouleaux de matzo au vin......................................137
49. Moustokouloura..140
50. Gaufrettes au vin d'orange.....................................143
51. Gâteau aux amandes et à l'orange........................146
52. Tarte aux prunes et à la crème fraîche.................149
53. Brownies au vin rouge..152
54. Panna cotta à la vanille..155
55. Tarte au vin...158

56. Sabayon...161

57. Fruits d'hiver au vin rouge....................................163

58. Gâteau au thé au citron...166

59. Vin et Safran Moules infusées..............................169

60. Saint-Jacques à la sauce au vin............................172

61. flétan sauce au vin...175

62. Rouleaux de viande grecs à la sauce au vin.............178

63. Lentilles aux légumes glacés................................181

64. Flétan à la sauce aux légumes..............................184

65. Saucisses aux herbes et au vin..............................187

66. poisson au vin blanc...190

67. Tofu aux herbes et sauce au vin blanc..................193

68. Poulpe grillé en marinade au vin rouge................196

69. Plantains sucrés cuits au four dans du vin............199

70. Pâtes à la sauce citronnée et au vin blanc............201

71. Pâtes aux moules au vin..204

72. Fettucine au vin rouge et olives...........................207

73. Pâtes Orecchiette et poulet...................................210

74. Bœuf à la sauce portobello....................................213

75. Saucisse italienne au fromage et au vin rouge........216

76. Champignons et tofu au vin..................................219

77. Soupe d'abricots au vin..222

78. Soupe de champignons au vin rouge....................224

79. Borleves (soupe au vin)...227

80. Soupe au vin de cerise...230

81. Soupe aux pommes danoise..................................233

82. Salade de gelée au vin et aux canneberges.............236

83. Moutarde de Dijon aux herbes et au vin................239

84. Bucatini infusé au vin..241

85. Asperges au vin..244

86. Côtelettes de gibier marinées à la moutarde et au vin
....246

87. poulet avec vinaigrette au vin...............................248

88. Oeufs en meurette..251
89. Risotto au vin rouge et aux champignons..............254
90. Gaspacho au vin rouge...257
91. Riz et légumes au vin..260
92. Petit saumon farci au caviar.................................262
93. Riz pilaf à l'ail et au vin...265
94. Foie d'agneau basque sauce au vin rouge...............268
95. Bœuf braisé au vin Barolo.....................................271
96. Escargot braisé au vin blanc..................................274
97. Calamars en sauce..277
98. Queues de boeuf braisées au vin rouge..................280
99. Casserole de poisson au vin..................................283
100. Côtelettes de porc grillées infusées au vin...........286

CONCLUSION..289

INTRODUCTION

Infuser du vin peut être un plaisir et rehausser un bon repas, une boisson ou un plat raffiné ! Lorsque le vin est chauffé, la teneur en alcool ainsi que les sulfites disparaissent, ne laissant que l'essence qui confère une saveur subtile.

La première règle, et la plus importante, est la suivante : utilisez uniquement dans vos plats ou boissons des vins que vous aimeriez boire. N'utilisez jamais de vin que vous NE VOUDREZ PAS boire ! Si vous n'aimez pas le goût d'un vin, vous n'aimerez pas le plat et la boisson dans lesquels vous choisirez de l'utiliser.

N'utilisez pas de vins dits « de cuisine » ! Ces vins sont généralement salés et contiennent d'autres additifs qui peuvent affecter le goût du plat et du menu que vous avez choisis. Le processus de cuisson/réduction fera ressortir le pire d'un vin de qualité inférieure.

Le vin a trois utilisations principales en cuisine : comme **ingrédient de marinade**, comme liquide de cuisson et comme arôme dans un plat fini.

La fonction du vin en cuisine est d'intensifier, de rehausser et d'accentuer la saveur et l'arôme des aliments - non pas de masquer la saveur de ce que vous cuisinez, mais plutôt de la fortifier.

Pour un résultat optimal, le vin ne doit pas être ajouté à un plat juste avant de le servir. Le vin doit mijoter avec les aliments ou la sauce pour en rehausser la saveur. Il doit mijoter avec les aliments ou dans la sauce pendant la cuisson ; à mesure que le vin cuit, il se réduit et devient un extrait qui parfume.

N'oubliez pas que le vin n'a pas sa place dans tous les plats. Il peut être monotone d'utiliser plusieurs sauces à base de vin dans un même repas. N'utilisez du vin en cuisine que s'il apporte quelque chose au plat final.

VINS INFUSÉS

1. Vin infusé à la sangria blanche

Ingrédient

- 1/2 citron vert
- 1/2 citron
- 1 pêche
- 1/2 pomme verte
- 1,5 tasse de vin

Instructions :

a) Assurez-vous que le vin est au moins à température ambiante ou légèrement plus chaud.

b) Frottez légèrement l'extérieur du citron vert et du citron, puis prélevez le zeste à l'aide d'un éplucheur ou d'un zesteur à légumes. Assurez-vous également qu'il ne reste que peu ou pas de peau, en utilisant un couteau d'office pour la retirer. Frottez légèrement l'extérieur de la pomme, puis épépinez-la et coupez-la en gros dés. Frottez légèrement l'extérieur de la pêche, puis retirez le noyau et coupez la chair en gros dés.

c) Placez tous les ingrédients dans le siphon à fouetter avec le vin. Fermez le siphon à fouetter, chargez-le et faites tourner pendant 20 à 30 secondes. Laissez le siphon reposer pendant une minute et demie de plus. Placez une serviette sur le dessus du siphon et aérez-le. Ouvrez le siphon et attendez que le bouillonnement cesse.

d) Filtrez le vin si vous le souhaitez et laissez reposer au moins 5 minutes avant de l'utiliser.

2. Oranges et figues au vin rouge épicé

Ingrédient

- 2 tasses de vin rouge
- 1 tasse de sucre
- 1 bâton de cannelle
- 4 anis étoilés ; liés ensemble avec
- 4 gousses de cardamome attachées ensemble avec
- 2 clous de girofle entiers
- 6 grosses oranges Navel pelées
- 12 figues séchées coupées en deux
- ⅓ tasse de noix ou de pistaches hachées

Instructions

a) Mélanger le vin, le sucre et le bouquet garni dans une casserole suffisamment grande pour contenir les oranges et les figues en une seule couche. Porter à ébullition, à couvert, à feu moyen.

b) Ajoutez les figues et laissez mijoter 5 minutes. Ajoutez les oranges et faites-les cuire 3 à 4 minutes en les retournant pour qu'elles cuisent uniformément.

c) Éteignez le feu et laissez refroidir les oranges et les figues dans le sirop. Retirez les fruits et placez-les dans un bol de service. Faites réduire le sirop de moitié et laissez refroidir. Jetez la garniture du bouquet et versez le sirop sur les figues et les oranges.

3. Vin infusé au café à l'anis étoilé

Ingrédient

Pour le vin rouge infusé au café

- 5 cuillères à soupe de grains de café torréfiés
- 1 bouteille de 750 ml de vin rouge sec italien
- 1 tasse d'eau
- 1 tasse de sucre turbinado
- 12 étoiles d'anis

Pour le cocktail

- 3 onces de vin rouge infusé au café
- 1 once de Cocchi Vermouth di Torino, réfrigéré
- 2 cuillères à café de sirop d'anis étoilé
- 2 traits de bitter Aztec Fee Brothers
- Glace (facultatif)
- Garniture : bâton de cannelle ou copeaux de citron

Instructions

a) Pour le vin rouge infusé au café : ajoutez les grains de café à la bouteille de vin, fermez-la avec un bouchon et laissez infuser à température ambiante pendant 24 heures. Filtrez avant utilisation.

b) Pour le sirop d'anis étoilé : Portez à ébullition l'eau, le sucre et l'anis étoilé en remuant jusqu'à ce que le sucre se dissolve. Retirez du feu et laissez infuser 30 minutes. Filtrez et mettez en bouteille, conservez au réfrigérateur.

c) Pour chaque boisson : dans un verre à vin, mélanger le vin infusé au café, le vermouth Cocchi, le sirop d'anis étoilé et les bitters au chocolat. Ajouter de la glace si désiré et garnir.

4. Rose, fraise et raisin et vin

Ingrédient

- 100 g de fraises, équeutées et tranchées
- 1 pamplemousse rouge moyen, coupé en rondelles
- 1 brin d'églantier, facultatif (si c'est la saison)
- 1 cuillère à café d'eau de rose
- 700 ml de vin rosé

Instructions :

a) Mettez les fraises, le pamplemousse coupé en rondelles et l'eau de rose dans un bocal ou une bouteille en verre stérilisé d'un litre et versez dessus le rosé. Fermez hermétiquement le bocal et conservez-le au réfrigérateur toute la nuit, en secouant doucement le bocal de temps en temps pour aider à infuser les saveurs.

b) Au moment de servir, filtrez le rosé à travers un tamis à mailles fines recouvert de mousseline ou d'un chiffon propre dans un grand pichet et jetez les fruits.

c) Pour servir, ajoutez de l'eau pétillante à une quantité de vin de rose, de fraise et de pamplemousse rouge, et décorez de pétales de rose. Pour un spritz Aperol à la rose, mélangez 200 ml de rosé infusé avec 25 ml d'Aperol et décorez d'une tranche de pamplemousse.

5. Je fais des pêches au vin

Ingrédient

- 6 pêches fraîches, pelées, dénoyautées et coupées en deux
- ½ tasse de sucre (125 ml)
- 1 tasse de vin de glace (250 ml)
- 1 tasse d'eau (250 ml)

Instructions

a) Dans une casserole, mélanger 1 tasse d'eau, le sucre et le vin de glace et laisser mijoter à feu doux jusqu'à ce que le sucre soit dissous. Faire cuire le sirop pendant 3 minutes supplémentaires, retirer du feu et réserver jusqu'à utilisation.

b) Dans un bol en verre, placez les moitiés de pêches et versez le sirop de vin glacé dessus et réfrigérez pour permettre aux saveurs de se mélanger.

c) Servir frais dans un petit bol et garnir d'un filet de sucre glace.

6. Vin au citron et au romarin

Ingrédient

- 1 bouteille de vin blanc. J'utiliserais du Sauvignon Blanc, du Pinot Gris, du Pinot Grigio ou du Riesling
- 4 brins de romarin frais
- 3-4 longs morceaux de zeste de citron en essayant de ne pas laisser la peau blanche dessus

Instructions :

a) Ouvrez votre bouteille de vin ou utilisez cette bouteille qui est dans votre réfrigérateur depuis quelques jours.

b) Nettoyez et séchez vos herbes (dans ce cas le romarin).

c) À l'aide d'un économe, prélevez 4 à 5 longs morceaux de zeste de citron en prenant soin de ne pas récupérer trop de poix blanche.

d) Ajoutez du romarin et du zeste de citron à la bouteille de vin.

e) Ajoutez un bouchon et placez-le dans votre réfrigérateur pendant une nuit ou plusieurs jours.

f) Jetez le zeste de citron et les herbes.

g) Bois le vin.

7. Vin de kiwi fait maison

Ingrédient

- 75 Kiwi mûr
- 2 livres de raisins rouges, congelés
- 12 onces de concentré de raisin à 100 %
- 10 livres de sucre
- 2 paquets de levure

Instructions

a) Peler le kiwi, l'écraser avec les raisins décongelés, mettre le sucre dans la bonbonne, le dissoudre complètement, ajouter les fruits écrasés, le concentré de raisin, l'eau et la levure.

b) Fermenter comme d'habitude. Ce n'est que le premier goût de soutirage

8. Mangues au vin

Ingrédient

- 12 mangues mûres
- ⅔ litre de vin rouge
- 130 grammes de sucre en poudre
- 2 gousses de vanille fraîche

Instructions

a) Retirez la peau des mangues et coupez-les en deux en retirant les graines.

b) Disposer le côté creux vers le haut dans un grand bol et couvrir de vin.

c) Ajoutez le sucre et les gousses de vanille. Enfournez pour 45 minutes, laissez refroidir puis réservez bien au frais avant de servir.

9. Vin de pissenlit

Ingrédient

- 4 litres de fleurs de pissenlit
- 4 litres d'eau bouillante
- 6 oranges
- 4 citrons
- 2 gâteaux à la levure
- 4 livres de sucre

Instructions

a) Ébouillanter les fleurs dans l'eau bouillante et laisser reposer toute la nuit. Le lendemain matin, égoutter, ajouter la pulpe et le jus de 6 oranges, le jus de 4 citrons, la levure et le sucre.

b) Laisser fermenter 4 jours, puis filtrer et mettre en bouteille. Servir dans de petits verres à température ambiante.

10. Vin de pomme chaud

Ingrédient

- ½ tasse de raisins secs
- 1 tasse de rhum léger
- 6 tasses de vin de pomme ou de cidre fort
- 2 tasses de jus d'orange
- ⅓ tasse de sucre brun
- 6 clous de girofle entiers
- 2 bâtons de cannelle
- 1 orange, tranche

Instructions

a) Dans un petit bol, faites tremper les raisins secs dans le rhum pendant plusieurs heures ou toute la nuit.

b) Dans une grande casserole, mélanger tous les ingrédients et faire chauffer, en remuant souvent, jusqu'à ce que le sucre se dissolve. Laisser mijoter doucement jusqu'à ce que le mélange soit chaud. Ne pas faire bouillir. Servir dans

des tasses à punch ou des mugs
résistants à la chaleur. Donne 9 tasses

11. Coupe de vin de canneberge chaud au coin du feu

Ingrédient

- 4 tasses de cocktail de jus de canneberge
- 2 tasses d'eau
- 1 tasse de sucre
- Bâton de cannelle de 4 pouces
- 12 clous de girofle, entiers
- 1 zeste de 1/2 citron coupé en
- 1 bande
- 2 cinquièmes de vin sec
- $\frac{1}{4}$ tasse de jus de citron

Instructions

a) Mélanger le jus de canneberge, l'eau, le sucre, la cannelle, les clous de girofle et le zeste de citron dans une casserole. Porter à ébullition en remuant jusqu'à ce que le sucre soit dissous.

b) Laisser mijoter à découvert pendant 15 minutes, puis filtrer. Ajouter le vin et le jus de citron, bien chauffer, mais NE PAS FAIRE BOUILLIR. Saupoudrer de muscade sur chaque portion, si désiré.

12. Vin de poivre

Ingrédient

- 6 Piments, rouges, piquants; frais
- 1 pinte de rhum léger

Instructions

a) Mettez les piments entiers dans un bocal en verre et versez-y le rhum (ou le sherry sec). Couvrez hermétiquement et laissez reposer 10 jours avant utilisation.

b) Utilisez-en quelques gouttes dans les soupes ou les sauces. Le vinaigre au poivre se prépare de la même manière.

c) Si les piments frais ne sont pas disponibles, des piments séchés entiers et piquants peuvent être utilisés.

13. Ananas au porto

Ingrédient

- 1 ananas moyen, nettoyé (environ 2-1/2 lb)
- Zeste finement épluché d'une orange
- Zeste finement épluché d'1/2 pamplemousse
- 4 cuillères à soupe de sucre brun clair, ou au goût
- $\frac{3}{4}$ tasse de jus d'ananas
- $\frac{1}{2}$ tasse de Porto

Instructions

a) C'est un traitement particulièrement efficace pour un ananas qui s'avère ne pas être aussi sucré qu'il devrait l'être. Plus le porto est bon, meilleur sera le dessert. Préparez ce dessert la veille pour une saveur optimale.

b) Peler, trancher et épépiner l'ananas et le couper en cubes de 2,5 cm ou en fines tranches. Dans une poêle, faire cuire les zestes, le sucre et le jus d'ananas. Cuire jusqu'à ce que les zestes soient tendres, environ 5 minutes. Pendant que le liquide est encore chaud, ajouter les morceaux d'ananas et incorporer le porto.

c) Réfrigérer pendant au moins 8 heures ou toute la nuit. Laisser revenir à température ambiante avant de servir, sinon les saveurs seront perdues.

14. Vin de rhubarbe

Ingrédient

- 3 livres de rhubarbe
- 3 livres de sucre blanc
- 1 cuillère à café de nutriments pour levure
- 1 gallon d'eau chaude (il n'est pas nécessaire qu'elle soit bouillante)
- 2 comprimés de Campden (écrasés)
- Levure de vin

Instructions

a) Coupez vos tiges de rhubarbe et congelez-les dans des sacs en plastique pendant quelques jours avant de faire le vin. Je ne comprends vraiment pas pourquoi cela devrait faire une différence, mais c'est le cas. Si vous utilisez de la rhubarbe fraîche, le vin ne sera jamais aussi bon.

b) Il faut être patient. Le vin de rhubarbe peut être fade à huit mois et vraiment bon à dix mois. Il faut le laisser mûrir.

c) Utilisez de la rhubarbe coupée en morceaux surgelée. Mettez-la dans le fermenteur primaire avec le sucre. Couvrez et laissez reposer pendant 24 heures. Ajoutez l'eau chaude, mélangez le tout et filtrez la rhubarbe .

d) Remettez le liquide dans le fermenteur primaire et lorsqu'il est tiède, ajoutez le reste de l' ingrédient .

e) Couvrez et laissez fermenter pendant trois ou quatre jours. Versez ensuite le liquide dans des bidons de 1 litre munis de bouchons de fermentation.

15. Vin épicé et chaud

Ingrédient

- $\frac{1}{4}$ litre de vin blanc ou rouge (1 tasse plus 1 cuillère à soupe) 6 morceaux de sucre, ou au goût
- 1 clou de girofle entier
- 1 petit morceau de zeste de citron
- Un petit bâton de cannelle

Instructions

a) Mélanger tous les ingrédients et chauffer jusqu'à ébullition.

b) Versez dans un verre préchauffé, enveloppez le verre dans une serviette et servez immédiatement.

16. Vin infusé aux canneberges

Ingrédient

- 2 tasses de vin blanc sec, comme du Sauvignon Blanc ou du Chardonnay
- 1 tasse de canneberges décongelées fraîches ou congelées

Instructions

a) Ajoutez le vin et les canneberges dans un récipient avec un couvercle hermétique.

b) Couvrir et secouer plusieurs fois. Laisser reposer à température ambiante toute la nuit. Filtrer avant utilisation ; jeter les canneberges.

17. Vin infusé à la framboise et à la menthe

Ingrédient

- 1 tasse de framboises fraîches
- 1 petit bouquet de menthe fraîche
- 1 bouteille de vin blanc sec ou doux, selon votre préférence

Instructions :

a) Mettez les framboises et la menthe dans un bocal d'un litre. Utilisez une cuillère pour écraser légèrement les framboises.

b) Versez la totalité de la bouteille de vin sur les framboises et la menthe, puis couvrez avec un couvercle et placez dans un endroit calme de votre cuisine.

c) Laissez infuser l'infusion pendant 2 à 3 jours, puis filtrez les framboises et la menthe avec un tamis à mailles fines et dégustez !

18. Vin infusé d'amour

Ingrédient

- 1 bocal en verre de 1 litre ou 1 pinte
- 2 cuillères à café de cannelle en poudre ou 2 bâtons de cannelle
- 3 cuillères à café de poudre de racine de gingembre ou de racine de gingembre fraîche pelée d'environ 1 pouce de long
- option 1 - 1 morceau de gousse de vanille de 1 pouce ou 1 cuillère à café d'extrait de vanille
- ou option 2 – 2 gousses de cardamome + 2 anis étoilés
- 3 tasses de vin rouge ou une bouteille de 750 ml

Instructions :

a) Ajoutez le vin rouge dans le bocal

b) Ajoutez les composants à base de plantes

c) Remuer pour mélanger l'ingrédient .

d) Placez le couvercle sur le bocal. Placez-le dans un placard frais et sombre pendant 3 à 5 jours.

e) Filtrez bien (ou 2x) dans un autre bocal ou une jolie carafe en verre. C'est prêt !!!

19. Pommes au vin rouge

Ingrédient

- 1 kilogramme Pommes (2 1/4 lb)
- 5 décilitres de vin rouge (1 pinte)
- 1 bâton de cannelle
- 250 grammes de sucre (9 oz.)

Instructions

a) Dix heures à l'avance, faites cuire le vin, la cannelle et le sucre à feu vif pendant 10 minutes, dans une casserole large et peu profonde.

b) Pelez les pommes et, à l'aide d'une cuillère parisienne d'environ $2\frac{1}{2}$ cm de diamètre, coupez-les en petites boules.

c) Jetez les boules de pommes dans le vin chaud. Elles ne doivent pas se chevaucher : c'est pourquoi il vous faut une casserole large et peu profonde. Laissez-les mijoter 5 à 7 minutes, recouvertes d'une feuille d'aluminium pour les maintenir immergées.

d) Lorsque les pommes sont cuites mais encore fermes, retirez la casserole du feu. Laissez macérer les boules de pommes dans le vin rouge pendant environ 10 heures pour qu'elles prennent une belle couleur rouge.

e) Service : bien frais, accompagné d'une boule de glace à la vanille ou dans une sélection de desserts froids aux fruits.

20. Vin de poivre de Barbarie

Ingrédient

- 18 « piments de vin » ou une quantité similaire de petits piments rouges
- Rhum blanc de la Barbade
- Sherry

Instructions

a) Retirez les tiges des poivrons et placez-les dans une bouteille, puis recouvrez de rhum et laissez reposer deux semaines.

b) Filtrez et diluez jusqu'à obtenir le degré de piquant souhaité avec du xérès.

21. Vin de dessert à l'orange

Ingrédient

- 5 oranges
- 2 citrons
- 5 litres de vin blanc sec
- 2 livres de sucre
- 4 tasses de brandy
- 1 gousse de vanille
- 1 morceau (1/2) d'écorce d'orange sèche

Instructions

a) Râpez la peau des oranges et des citrons et réservez-la. Coupez les fruits en quartiers et placez-les dans une bonbonne ou un autre grand récipient (pot ou verre).

b) Versez le vin, puis ajoutez les peaux râpées, le sucre, le cognac, la gousse de vanille et un morceau d'écorce d'orange séchée.

c) Fermez le bocal et conservez-le dans un endroit frais et sombre pendant 40 jours. Filtrez à travers un tissu et mettez en bouteille. Servez frais.

22. Orange au sirop de vin rouge

Ingrédient

- 2 tasses de vin rouge corsé
- ½ tasse de sucre
- 1 bâton de cannelle de 3 pouces
- 2 melons miel ou cantaloups à chair orange de taille moyenne

Instructions

a) Dans une casserole moyenne non réactive, mélanger le vin, le sucre et la cannelle. Porter à ébullition à feu vif et laisser réduire de moitié, environ 12 minutes.

b) Retirez la cannelle et laissez le sirop refroidir à température ambiante

c) Coupez les melons en deux dans le sens de la largeur et jetez les graines. Coupez une fine tranche au bas de chaque moitié de melon de manière à ce qu'elle soit bien droite et posez chaque moitié sur une assiette.

d) Versez le sirop de vin rouge dans les moitiés de melon et servez avec de grandes cuillères.

23. Vin d'orange

Ingrédient

- 3 oranges Naval; coupées en deux
- 1 tasse de sucre
- 1 litre de vin blanc
- 2 oranges Naval moyennes
- 20 clous de girofle entiers

Instructions

a) Dans une casserole, à feu moyen, presser les moitiés d'orange dans la casserole, ajouter les oranges pressées et le sucre. Porter à ébullition, réduire le feu à doux et laisser mijoter pendant 5 minutes. Retirer du feu et laisser refroidir complètement.

b) Filtrez et versez dans un bocal de $1\frac{1}{2}$ litre, en pressant les oranges avec le dos d'une cuillère pour en extraire tout le jus. Ajoutez le vin. Piquez les clous de girofle dans les oranges entières. Coupez les oranges en deux et ajoutez-les au bocal.

c) Fermez hermétiquement le couvercle et laissez reposer pendant au moins 24 heures et jusqu'à 1 mois.

24. Vin de gingembre

Ingrédient

- ¼ livre de gingembre
- 4 livres de sucre DC
- 1 gallon d'eau
- 2 cuillères à café de levure
- ½ livre de fruits secs
- ½ once de macis

Instructions

a) Écrasez le gingembre et mettez-le dans un bocal. Ajoutez tous les autres ingrédients et laissez reposer pendant 21 jours.

b) Filtrer et mettre en bouteille.

25. Vin chaud

Ingrédient

- 1 bouteille de vin rouge
- 2 oranges
- 3 bâtons de cannelle
- 5 Anis étoilés
- 10 clous de girofle entiers
- 3/4 tasse de cassonade

Instructions :

a) Placez tous les ingrédients sauf les oranges dans une casserole de taille moyenne.

b) À l'aide d'un couteau bien aiguisé ou d'un économe, épluchez la moitié d'une orange. Évitez autant que possible de peler la partie blanche, car elle a un goût amer.

c) Pressez le jus des oranges et ajoutez-les dans la casserole avec le zeste d'orange.

d) À feu moyen, faites chauffer le mélange jusqu'à ce qu'il commence à fumer. Réduisez le feu et laissez mijoter doucement. Faites chauffer pendant 30 minutes pour laisser infuser les épices.

e) Filtrez le vin et servez dans des tasses résistantes à la chaleur.

26. Refroidisseur à vin

Ingrédient

- 1 portion
- ¾ tasse de limonade
- ¼ tasse de vin rouge sec
- Brin de menthe
- Cerise au marasquin

Instructions

a) Cela donne une boisson colorée et rafraîchissante si les liquides ne sont pas mélangés. Versez la limonade sur de la glace pilée, puis ajoutez le vin rouge.

b) Décorez avec un brin de menthe et une cerise. Idéal pour les journées chaudes.

27. Lait de poule au vin

Rendement : 20 portions

Ingrédient

- 4 blancs d'oeufs
- 1 cinquième de vin blanc sec
- ½ tasse de jus de citron frais
- 1 cuillère à soupe de zeste de citron râpé
- 1 tasse de miel
- 6 tasses de lait
- 1 pinte de moitié-moitié
- 1 noix de muscade fraîchement râpée

Instructions

a) Battre les blancs en neige et réserver. Mélanger le vin, le jus de citron, le zeste et le miel dans une grande casserole. Chauffer en remuant jusqu'à ce que le mélange soit chaud, puis ajouter lentement le lait et la crème.

b) Continuez à chauffer et à remuer jusqu'à ce que le mélange soit mousseux ;

retirez du feu. Incorporez les blancs d'œufs et servez dans des tasses avec une pincée de muscade sur le dessus.

28. Vin frais à la pêche

Ingrédient

- 16 onces de pêches non sucrées; décongelées
- 1 litre de jus de pêche
- 750 millilitres de vin blanc sec ; = 1 bouteille
- 12 onces de nectar d'abricot
- 1 tasse de sucre

Instructions

a) Dans un mélangeur ou un robot culinaire, réduire les pêches en purée. Dans un récipient, mélanger les pêches et le reste des ingrédients .

b) Couvrir et laisser refroidir 8 heures ou toute la nuit pour permettre aux saveurs de se mélanger. Conserver au réfrigérateur. Servir frais.

29. Vin infusé au thé vert

Ingrédient :

- 8 cuillères à café bombées de thé vert en feuilles
- 1 bouteille (750 ml) de Sauvignon Blanc
- Sirop simple - facultatif
- Eau gazeuse ou limonade - facultatif

Instructions :

a) Faites infuser les feuilles de thé directement dans la bouteille de vin, le plus simple est d'utiliser un petit entonnoir pour que les feuilles n'aillent pas partout.

b) Remettez le bouchon ou utilisez un bouchon de bouteille et placez-le au réfrigérateur pendant une nuit ou pendant au moins 8 heures.

c) Lorsque vous êtes prêt à boire le vin, filtrez les feuilles à l'aide d'une passoire à mailles et remettez-le en bouteille.

d) Ajoutez du sirop simple et du soda ou de la limonade au goût - facultatif.

30. Daiquiri au vin rafraîchissant

Ingrédient

- 1 canette (6 oz) de limonade congelée
- 1 paquet (10 oz) de fraises surgelées; légèrement décongelées
- 12 onces de vin blanc
- Glaçons

Instructions

a) Mettre la limonade, les fraises et le vin dans le mixeur.

b) Mixez légèrement. Ajoutez des glaçons et continuez à mixer jusqu'à obtenir la consistance désirée .

31. Cocktail melon et fraise

Ingrédient

- 1 melon d'Oregon Charentals
- 250 grammes de fraises lavées
- 2 cuillères à café de sucre en poudre
- 425 millilitres de vin blanc sec ou mousseux
- 2 brins de menthe
- 1 cuillère à café de poivre noir écrasé
- du jus d'orange

Instructions

a) Coupez le melon en morceaux et retirez les pépins. Coupez les fraises en deux et placez-les dans un bol.

b) Retirer les boules de melon à l'aide d'un coupe-melon et les placer dans le bol. saupoudrer de sucre en poudre, de menthe hachée et de poivre noir.

c) Verser le jus d'orange et le vin. Mélanger délicatement et réserver au réfrigérateur pendant 30 minutes à 1 heure.

d) Pour la présentation, placez le cocktail dans les coques de melon ou dans un verre de présentation.

32. Vin scintillant de bijoux

Ingrédient

- 1 grosse gelée au citron
- 1 tasse d'eau bouillante
- 1 tasse d'eau froide
- 2 tasses de vin rosé
- ½ tasse de raisins verts sans pépins
- ½ tasse de bleuets frais
- 11 onces de segments de mandarine, égouttés
- Feuilles de laitue

Instructions

a) Dans un grand bol, dissoudre la gelée dans l'eau bouillante; ajouter l'eau froide et le vin. Réfrigérer jusqu'à ce que le mélange épaississe mais ne prenne pas, environ 1 heure et demie. Incorporer les raisins, les bleuets et les segments de mandarine.

b) Verser dans des moules individuels ou dans un moule huilé de 6 tasses.

Réfrigérer environ 4 heures ou jusqu'à ce que la préparation soit ferme. Pour servir, démouler sur des assiettes de service tapissées de laitue.

33. Vin de romarin et thé noir

Ingrédient

- 1 bouteille de bordeaux; OU... autre vin rouge corsé
- 1 litre de thé noir, de préférence Assam ou Darjeeling
- ¼ tasse de miel doux
- ⅓ tasse de sucre; ou au goût
- 2 oranges coupées en fines tranches et épépinées
- 2 bâtons de cannelle (3 pouces)
- 6 clous de girofle entiers
- 3 brins de romarin

Instructions

a) Versez le vin et le thé dans une casserole résistante à la corrosion. Ajoutez le miel, le sucre, les oranges, les épices et le romarin. Faites chauffer à feu doux jusqu'à ce que le mélange soit à peine fumant. Remuez jusqu'à ce que le miel soit dissous.

b) Retirez la casserole du feu, couvrez et laissez reposer pendant au moins 30 minutes. Au moment de servir, réchauffez jusqu'à ce que la préparation dégage de la vapeur et servez chaud.

34. Spritzer au thé Earl Grey

Ingrédient

- 2 sachets de thé Earl Grey vieilli
- 1 barquette de myrtilles
- Quelques brins de menthe fraîche
- ½ tasse de sirop d'agave
- 1 bouteille de vin blanc pétillant
- 1 bac à glaçons

Instructions

a) Portez deux tasses d'eau à ébullition et ajoutez les sachets de thé. Laissez infuser 10 minutes en ajoutant le sirop d'agave au mélange.

b) Incorporez un bac de glaçons au mélange et placez-le au réfrigérateur jusqu'à ce qu'il refroidisse.

c) Une fois refroidi, ajoutez la menthe et les myrtilles au goût, ainsi que le vin mousseux, puis mélangez le tout dans un pichet.

d) Apprécier!

35. Chocolat chaud infusé au vin

Ingrédient

- ½ tasse de lait entier
- ½ tasse de crème moitié-moitié – remplacez-la par des parts égales de lait entier et de crème légère épaissie, si non disponible
- ¼ tasse/45 g de pépites de chocolat noir
- ½ tasse de vin rouge sec – de préférence Shiraz
- Quelques gouttes d'extrait de vanille
- 1 cuillère à soupe/15 ml de sucre
- Petite pincée de sel

Instructions :

a) Mélanger le lait entier, la crème moitié-moitié, les pépites de chocolat noir, l'extrait de vanille et le sel dans une casserole à feu doux.

b) Remuer constamment pour éviter que le chocolat au fond ne brûle, jusqu'à ce qu'il soit complètement dissous. Une fois bien chaud, retirer du feu et verser le vin. Bien mélanger.

c) Goûtez le chocolat chaud et rectifiez la douceur avec du sucre. Versez dans une tasse à chocolat chaud et servez immédiatement.

36. Punch aux canneberges et au vin

Ingrédient

- 1½ pinte de cocktail de jus de canneberge; réfrigéré
- 4 tasses de Bourgogne ou autre vin rouge sec, bien frais
- 2 tasses de jus d'orange non sucré, réfrigéré
- Tranches d'orange; (facultatif)

Instructions

a) Mélanger les 3 premiers ingrédients dans un grand bol et bien mélanger.

b) Garnir de tranches d'orange, si désiré.

ALIMENTS INFUSÉS AU VIN

37. Compote de fruits et de vin

Ingrédient

- 4 petites poires
- 1 orange
- 12 pruneaux humides
- Un bâton de 2,5 cm (1 po) de cannelle
- 2 graines de coriandre
- 1 clou de girofle
- ¼ Feuille de laurier; (facultatif)
- ⅓ gousse de vanille
- 4 cuillères à soupe de sucre en poudre
- 1½ tasse de bon vin rouge

Instructions

a) Pelez les poires, lavez et coupez l'orange en tranches de ½ cm (¼ po).

b) Déposez délicatement les poires, la queue vers le haut, dans une casserole. Placez les pruneaux entre les poires et ajoutez la cannelle, les graines de coriandre, le clou de girofle, la feuille de laurier, la vanille et le sucre en poudre.

c) Recouvrir de tranches d'orange et ajouter le vin. Si nécessaire, ajouter de l'eau pour qu'il y ait juste assez de liquide pour recouvrir les fruits.

d) Portez à ébullition, baissez le feu et faites pocher les poires pendant 25 à 30 minutes jusqu'à ce qu'elles soient tendres. Laissez refroidir les fruits dans le liquide.

e) Retirez les épices et servez les fruits et le liquide dans un plat de service attrayant.

38. Truffes au chocolat

Ingrédient

- 1 sac de 10 oz de pépites de chocolat mi-sucré
- 1/2 tasse de crème à fouetter épaisse
- 1 cuillère à soupe de beurre non salé
- 2 cuillères à soupe de vin rouge
- 1 cuillère à café d'extrait de vanille
- Garnitures : amandes fumées concassées, poudre de cacao, chocolat fondu et sel de mer

Instructions :

a) Hachez le chocolat : que vous utilisiez un bloc de chocolat ou des pépites de chocolat, vous devrez les hacher pour les faire fondre plus facilement.

b) Placez le chocolat haché dans un grand bol en acier inoxydable ou en verre.

c) Faire chauffer la crème et le beurre : Faites chauffer la crème et le beurre dans une petite casserole à feu moyen, jusqu'à ce qu'ils commencent à bouillir.

d) Mélanger la crème avec le chocolat : Dès que le liquide commence à bouillir, versez-le immédiatement dans le bol sur le chocolat.

e) Ajoutez des liquides supplémentaires : ajoutez la vanille et le vin et fouettez jusqu'à consistance lisse.

f) Réfrigérer/Refroidir : Couvrir le bol d'une pellicule plastique et transférer au réfrigérateur pendant environ une heure (ou au congélateur pendant 30 minutes à 1 heure), jusqu'à ce que le mélange soit ferme.

g) Rouler les truffes : Une fois les truffes refroidies, retirez-les à l'aide d'une cuillère parisienne et roulez-les avec vos mains. Cela va être salissant !

h) Ensuite, recouvrez-les de la garniture de votre choix. J'adore les amandes fumées concassées, la poudre de cacao et le chocolat tempéré fondu avec du sel de mer.

39. Crème glacée aux fraises

Ingrédient

- 2 pintes de fraises
- ¼ tasse de sucre
- ⅓ tasse de vin rouge sec
- 1 bâton de cannelle entier
- ⅛ cuillère à café de poivre fraîchement moulu
- 1 pinte de glace à la vanille
- 4 brins de menthe fraîche pour la garniture

Instructions

a) Si les fraises sont petites, coupez-les en deux ; si elles sont grosses, coupez-les en quartiers.

b) Mélanger le sucre, le vin rouge et le bâton de cannelle dans une grande poêle et cuire à feu moyen-élevé jusqu'à ce que le sucre se dissolve, environ 3 minutes. Ajouter les fraises et le poivron et cuire jusqu'à ce que les baies ramollissent légèrement, 4 à 5 minutes.

c) Retirer du feu, jeter le bâton de cannelle et répartir les baies et la sauce dans les plats ; servir avec de la glace à la vanille et un brin de menthe, si désiré.

40. Mousse de melon au vin musqué

Ingrédient

- 11 onces de chair de melon
- ½ tasse de vin de muscat doux
- ½ tasse de sucre
- 1 tasse de crème épaisse
- ½ tasse de sucre
- ½ tasse d'eau
- Fruits assortis
- 1½ cuillère à soupe de gélatine
- 2 blancs d'oeufs
- 2 tasses de vin de muscat doux
- 1 bâton de cannelle
- 1 gousse de vanille

Instructions

a) Dans un mixeur, mixez la chair du melon jusqu'à obtenir une purée lisse.

b) Mettez la gélatine et ½ tasse de vin de muscat dans une petite casserole et portez à ébullition en mélangeant bien pour vous assurer que la gélatine est complètement dissoute. Ajoutez le mélange de gélatine à la purée de melon et mélangez bien. Mettez dessus un bol rempli de glaçons.

c) Pendant ce temps, fouettez les blancs en neige en ajoutant le sucre petit à petit. Transférez la mousse dans un saladier.

d) Pour préparer la sauce, mettez le sucre et l'eau dans une casserole moyenne, portez à ébullition et laissez cuire à feu doux jusqu'à ce que la sauce épaississe et devienne dorée. Ajoutez 2 tasses de vin de muscat, un bâton de cannelle, une gousse de vanille et une bande d'écorce d'orange. Faites bouillir.

41. Gâteau israélien au vin et aux noix

Ingrédient

- 8 œufs
- 1½ tasse de sucre granulé
- ½ cuillère à café de sel
- ¼ tasse de jus d'orange
- 1 cuillère à soupe de zeste d'orange
- ¼ tasse de vin rouge
- 1¼ tasse de farine de gâteau Matzoh
- 2 cuillères à soupe de fécule de pomme de terre
- ½ cuillère à café de cannelle
- ⅓ tasse d'amandes; hachées très finement

Instructions

a) Battez progressivement 1¼ tasse de sucre et le sel dans le mélange de jaunes d'œufs jusqu'à ce que le mélange soit très épais et de couleur claire. Ajoutez le jus d'orange, le zeste et le vin ;

battez à grande vitesse jusqu'à ce que le mélange soit épais et léger, environ 3 minutes.

b) Tamisez ensemble la farine, la fécule de pomme de terre et la cannelle, puis incorporez-les progressivement au mélange d'orange jusqu'à obtenir un mélange homogène. Battez les blancs d'œufs à vitesse maximale jusqu'à ce qu'ils forment des pics mais ne soient pas secs.

c) Incorporez délicatement la meringue au mélange. Incorporez délicatement les noix à la pâte.

d) Verser dans un moule à cheminée non graissé de 10 pouces dont le fond est recouvert de papier ciré.

e) Cuire au four à 325 degrés .

42. Biscuits au vin

Rendement : 12 portions

Ingrédient

- 1¼ tasse de farine
- 1 pincée de sel
- 3 onces de shortening; (Oleo)
- 2 onces de sucre
- 1 œuf
- ¼ tasse de Xérès

Instructions

a) Préparez-les comme vous le feriez pour des biscuits ordinaires, c'est-à-dire : mélangez les ingrédients secs et ajoutez l'huile d'olive. Mélangez l'œuf et le xérès et mélangez pour former une pâte molle.

b) Étaler sur une surface farinée. Découper à l'emporte-pièce, déposer sur des plaques à pâtisserie et saupoudrer d'un peu de sucre ou de farine. Cuire au four à 350 °C, 8 à 10 minutes.

43. Fondue au vin de groseille

Ingrédient

- 1½ livre de groseilles à maquereau; équeutées et sans queue
- 4 onces de sucre en poudre (granulé)
- ⅔ tasse de vin blanc sec
- 2 cuillères à café de farine de maïs (fécule de maïs)
- 2 cuillères à soupe de crème fraîche légère
- Snaps de brandy

Instructions

a) Réservez quelques groseilles pour la décoration, puis passez le reste au tamis pour en faire une purée.

b) Dans un caquelon à fondue, mélanger la farine de maïs avec la crème. Incorporer la purée de groseilles à maquereau, puis chauffer jusqu'à obtenir une consistance lisse et épaisse, en remuant fréquemment.

c) Décorez avec les groseilles réservées et servez avec des biscuits au brandy.

44. Gâteau et pudding au vin

Ingrédient

- Macarons
- 1 pinte de vin
- 3 Jaune d'oeuf
- 3 Blanc d'oeuf
- Gâteau éponge
- Doigts de dame
- 1 cuillère à café de fécule de maïs
- 3 cuillères à café de sucre
- ½ tasse de noix hachées

Instructions

a) Dans un plat en terre cuite, déposer des morceaux de génoise, de biscuits à la cuillère ou de gâteaux similaires (remplir à moitié environ). Ajouter quelques macarons. Faire chauffer le vin. Mélanger la fécule de maïs et le sucre et ajouter lentement le vin.

b) Battre les jaunes d'œufs et les ajouter au mélange de vin. Faire cuire environ 2 minutes. Verser sur le gâteau et laisser refroidir. Une fois refroidi, recouvrir avec les blancs d'œufs battus en neige et saupoudrer de noix hachées.

c) Cuire au four à 160 °C pendant quelques minutes pour dorer. Servir froid

45. Granité au vin rouge et aux myrtilles

Ingrédient

- 4 tasses de bleuets frais
- 2 tasses de sirop de sucre
- 2 tasses de Bourgogne ou de vin rouge sec
- $4\frac{1}{2}$ tasse de sucre
- 4 tasses d'eau

Instructions

a) Filtrer les myrtilles dans une grande casserole avec un tamis, en éliminant les solides. Ajouter le sirop et le vin, porter le mélange à ébullition, réduire le feu, puis laisser mijoter à découvert pendant 3 à 4 minutes. Verser le mélange dans un plat carré de 8 pouces, couvrir et congeler au moins 8 heures ou jusqu'à ce que le mélange soit ferme.

b) Retirez le mélange du congélateur et grattez-le avec les dents d'une fourchette jusqu'à ce qu'il soit mousseux. Versez-le dans un récipient, couvrez-le et congelez-le jusqu'à un mois.

c) Sirop de sucre basique : Verser dans une casserole en remuant bien. Porter à ébullition et laisser cuire jusqu'à ce que le sucre soit dissous.

46. Coupé melon et myrtille

Ingrédient

- 1½ tasse de vin blanc sec
- ½ tasse de sucre
- 1 gousse de vanille fendue dans le sens de la longueur
- 2 ⅓ tasse de cubes de cantaloup; (environ 1/2 melon)
- 2 ⅓ tasse de cubes de melon miel
- 2 ⅓ tasse de cubes de pastèque
- 3 tasses de bleuets frais
- ½ tasse de menthe fraîche hachée

Instructions

a) Mélanger ½ tasse de vin et le sucre dans une petite casserole. Gratter les graines de la gousse de vanille et ajouter la gousse. Remuer à feu doux jusqu'à ce que le sucre se dissolve et que le sirop soit chaud, environ 2 minutes. Retirer du feu et laisser infuser 30 minutes. Retirer la gousse de vanille du sirop.

b) Mélanger tous les fruits dans un grand bol. Ajouter la menthe et le reste du vin au sirop de sucre. Verser sur les fruits. Couvrir et réfrigérer au moins 2 heures.

c) Versez les fruits et un peu de sirop dans de grands verres à pied.

47. Tarte au citron vert et crème au vin

Ingrédient

- 1¼ tasse de crème à fouetter réfrigérée
- 6 cuillères à soupe de sucre
- 2 cuillères à soupe de vin de dessert doux
- 1½ cuillère à soupe de jus de citron frais
- 1 cuillère à soupe de noix finement hachées
- ¼ tasse de sucre
- ½ cuillère à café de sel
- ¾ tasse de beurre non salé réfrigéré
- 2 gros jaunes d'œufs et 4 gros œufs
- ½ tasse de jus de citron vert frais et 1 cuillère à soupe de zeste de citron vert râpé

Instructions

a) Mélanger la crème, le sucre, le vin et le jus de citron dans un bol et battre jusqu'à ce que des pics mous se forment. Incorporer délicatement les noix.

b) Mélanger la farine, le sucre et le sel dans un robot. Ajouter le beurre et mélanger en alternant jusqu'à ce que le mélange ressemble à de la semoule grossière. Fouetter les jaunes d'œufs et l'eau dans un bol. Ajouter au robot et mélanger en alternant jusqu'à ce que des grumeaux humides se forment. Cuire au four 20 minutes.

c) Battre les œufs et le sucre dans un bol jusqu'à obtenir une consistance légère et crémeuse. Tamiser la farine dans le mélange d'œufs et fouetter pour mélanger. Ajouter le babeurre. Faire fondre le beurre avec le jus de citron vert et fouetter dans le mélange d'œufs. Verser la garniture dans la croûte.

48. Rouleaux de matzo au vin

Ingrédient

- 8 carrés de matzoh
- 1 tasse de vin rouge doux
- 8 onces de chocolat mi-sucré
- ½ tasse de lait
- 2 cuillères à soupe de cacao
- 1 tasse de sucre
- 3 cuillères à soupe de brandy
- 1 cuillère à café de poudre de café instantané
- 2 bâtons de margarine

Instructions

a) Émiettez la matzo et faites-la tremper dans le vin. Faites fondre le chocolat avec le lait, le cacao en poudre, le sucre, le cognac et le café à feu très doux.

b) Retirer du feu et ajouter la margarine. Remuer jusqu'à ce qu'elle soit fondue.

c) Ajoutez la matzoh au mélange de chocolat. Divisez le mélange en deux moitiés. Formez chaque moitié en un long rouleau et enveloppez-le hermétiquement dans du papier aluminium . Réfrigérez toute la nuit, retirez le papier aluminium et coupez-le en tranches.

d) Placer dans quatre tasses en papier et servir.

49. Moustokouloura

Ingrédient

- 3½ tasses de farine tout usage plus un peu plus pour pétrir
- 2 cuillères à café de bicarbonate de soude
- 1 cuillère à soupe de cannelle fraîchement moulue
- 1 cuillère à soupe de clous de girofle fraîchement moulus
- ¼ tasse d'huile d'olive douce
- 2 cuillères à soupe de miel
- ½ tasse de sirop de moût de vin grec
- ½ orange
- 1 tasse de jus d'orange

Instructions

a) Tamisez ensemble la farine, le bicarbonate de soude, la cannelle et les clous de girofle dans un grand bol, en creusant un puits au centre.

b) Dans un bol plus petit, battez l'huile d'olive avec le miel, le petimezi, le zeste d'orange râpé et la moitié du jus d'orange et versez dans le puits. Mélangez le tout pour faire une pâte.

c) Retournez sur une surface farinée et pétrissez pendant environ 10 minutes jusqu'à ce que la pâte soit lisse mais pas rigide.

d) Découpez des morceaux de pâte, environ 2 cuillères à soupe chacun, et roulez-les en serpentins d'environ 1,27 cm de diamètre.

e) Cuire au four préchauffé à 375 °F pendant 10 à 15 minutes, jusqu'à ce qu'ils soient dorés et croustillants, mais pas trop durs.

50. Gaufrettes au vin d'orange

Ingrédient

- 2½ cuillères à soupe de zeste d'orange
- 2 tasses de farine à pâtisserie ou tout usage
- ½ cuillère à café de sel
- 1 cuillère à café de levure chimique
- 2 cuillères à soupe (1/4 bâton) de beurre ou
- Margarine, ramollie
- ½ tasse de vin blanc

Instructions

a) Préchauffer le four à 350°F.

b) Pour préparer le zeste, râpez légèrement l'écorce extérieure des oranges contre la grille fine d'une râpe à fromage.

c) Dans un grand bol Mélanger la farine, le zeste d'orange, le sel et la levure chimique. Ajouter le beurre et le vin petit à petit .

d) Sur une surface farinée, repliez le tiers gauche de la pâte sur le tiers central. De même, repliez le tiers droit sur le centre.

e) Étalez la pâte un peu plus finement cette fois-ci, environ $\frac{1}{8}$ pouce d'épaisseur.

f) À l'aide d'un couteau bien aiguisé, coupez en carrés de 2 pouces.

g) Piquez chaque biscuit de part en part 2 ou 3 fois avec les dents d'une fourchette. Faites cuire au four pendant 15 à 20 minutes, jusqu'à ce qu'ils soient légèrement dorés.

51. Gâteau aux amandes et à l'orange

Ingrédient

- ½ tasse de beurre non salé - (1 bâton) ; ramolli
- 1 tasse de sucre granulé
- 2 oeufs
- 2 cuillères à café de vanille
- ½ cuillère à café d'extrait d'amande
- ¼ tasse d'amandes moulues non blanchies
- 2 cuillères à café de zeste d'orange râpé
- 1½ tasse de farine tout usage; plus
- 2 cuillères à soupe de farine tout usage
- 2 cuillères à café de levure chimique
- 1 cuillère à café de sel
- 1 tasse de crème sure
- 1 pinte de framboises ou de fraises
- ½ tasse de vin mousseux

Instructions

a) Battre le beurre et le sucre ensemble jusqu'à obtenir une consistance légère et mousseuse.

b) Ajoutez les œufs, la vanille, l'extrait d'amande, les amandes et le zeste d'orange ; battez à vitesse lente jusqu'à ce que le tout soit bien mélangé. Tamisez ensemble la farine, la levure chimique et le sel ; ajoutez-les en alternance au mélange de beurre et de crème sure.

c) Versez la pâte dans le moule et tapotez légèrement pour l'égaliser. Faites cuire au four pendant environ 20 minutes.

d) Laisser refroidir 10 minutes, puis retirer du moule à gâteau ou retirer les bords du moule à charnière. Saupoudrer les baies de sucre, puis les arroser de vin mousseux pour bien les humidifier.

e) Placer le gâteau sur une assiette, l'entourer de baies et de jus.

52. Tarte aux prunes et à la crème fraîche

Ingrédient

- Coquille de pâtisserie sucrée de 10 pouces; jusqu'à 11
- 550 grammes de prunes lavées
- 2 cuillères à soupe de sucre en poudre
- 125 millilitres de vin de Porto
- 1 gousse de vanille coupée en deux
- ½ pinte de crème
- 1 once de farine
- 2 onces de sucre
- 2 jaunes d'oeufs
- 2 feuilles de gélatine trempées

Instructions

a) Retirer les noyaux des prunes et les couper en quatre. Cuire la pâte feuilletée à blanc et laisser refroidir.

b) Préparez la crème pâtissière en mélangeant l'œuf et le sucre dans un bol au-dessus de l'eau chaude. Ajoutez une cuillère à soupe de crème et ajoutez progressivement la farine. Ajoutez plus de crème et mettez dans une casserole propre et réchauffez.

c) Déposez une bonne couche de crème pâtissière sur le fond de tarte et lissez-la à l'aide d'une spatule ou d'un grattoir en plastique.

d) Disposer les prunes sur la pâte et cuire au four pendant 30 à 40 minutes.

e) Faire frémir le sucre dans le porto et ajouter la gousse de vanille, faire réduire légèrement le liquide. Ajouter la gélatine en feuille et laisser refroidir légèrement. Retirer la tarte et la laisser refroidir, verser dessus le glaçage au porto et laisser prendre au réfrigérateur. Couper en tranches et servir avec de la crème fraîche.

53. Brownies au vin rouge

Ingrédient

- ¾ tasse (177 ml) de vin rouge
- ½ tasse (60 g) de canneberges séchées
- 1 ¼ (156 g) tasse de farine tout usage
- ½ cuillère à café de sel de mer
- ½ tasse (115 g) de beurre salé, plus un peu plus pour graisser
- 180 g (6 oz) de chocolat noir ou mi-sucré
- 3 gros œufs
- 1 ¼ tasse (250 g) de sucre
- ½ tasse (41 g) de poudre de cacao non sucrée
- ½ tasse (63 g) de noix hachées (facultatif)

Instructions :

a) Dans un petit bol, mélangez le vin rouge et les canneberges et laissez reposer pendant 30 minutes à une heure ou jusqu'à ce que les canneberges soient bien dodues. Vous pouvez réchauffer doucement le vin et les canneberges sur la cuisinière ou au micro-ondes pour accélérer le processus.

b) Préchauffer le four à 350 degrés F. et graisser et fariner un moule de 8 x 8 pouces.

c) Mélanger la farine et le sel de mer dans un bol et réserver.

d) Dans un bol au-dessus de l'eau bouillante, faites chauffer le beurre et le chocolat jusqu'à ce qu'ils soient fondus et mélangés.

e) Retirez le bol du feu et incorporez les œufs un à un. (Si le bol semble très chaud, vous pouvez le laisser refroidir pendant environ 5 minutes avant d'ajouter les œufs).

54. Panna cotta à la vanille

Ingrédient

- Crème - 2 tasses
- Sucre, plus 3 cuillères à soupe - 1/4 tasse
- Gousses de vanille – toutes deux coupées en deux, graines grattées de l'une – 1
- Pâte de vanille - 1/2 cuillère à café
- Huile - 1 cuillère à soupe
- Gélatine en poudre mélangée à 90 ml d'eau froide - 2 cuillères à café
- Fraises en barquette - 125 g
- Vin rouge - 1/2 tasse

Instructions :

a) Chauffer doucement la crème et 1/2 tasse de sucre dans une casserole jusqu'à ce que tout le sucre soit dissous. Retirer du feu et incorporer l'extrait de vanille et 1 gousse de vanille ainsi que les graines grattées.

b) Saupoudrer la gélatine sur l'eau froide dans un grand bol et mélanger délicatement.

c) Verser la crème chaude sur la gélatine et bien mélanger jusqu'à ce que la gélatine soit dissoute. Filtrer le mélange à l'aide d'un tamis.

d) Répartissez le mélange dans les bols graissés et placez-le au réfrigérateur jusqu'à ce qu'il soit pris. Cela prend généralement jusqu'à 3 heures.

e) Dans une casserole, faites chauffer le vin rouge, 6 cuillères à soupe de sucre et la gousse de vanille restante jusqu'à ébullition.

f) Rincez, équeutez et coupez les fraises en rondelles et ajoutez-les au sirop, puis versez dessus la panna cotta libérée.

55. Tarte au vin

Ingrédient

- 140 grammes de farine ordinaire (5 oz.)
- 1 cuillère à café de levure chimique
- 60 grammes de beurre non salé (2 1/4 oz.)
- 1 pincée de sel
- 120 grammes de sucre en poudre (4 oz.)
- 1 cuillère à café de cannelle moulue
- 10 grammes de farine ordinaire (1/4 oz.)
- ½ cuillère à café de sucre
- 3 cuillères à soupe de lait
- 100 millilitres Bon vin blanc sec
- 15 grammes de beurre (environ 1/2 oz)

Instructions

a) Pâte : mettre la farine, la levure et le beurre ramolli dans un grand saladier.

Ajouter le sel et le sucre. Ajouter le lait
.

b) Déposez la pâte dans le fond du moule.

c) Mélangez le sucre, la cannelle et la farine. Répartissez ce mélange sur le fond de tarte. Versez le vin sur le mélange de sucre et mélangez du bout des doigts.

d) Cuire la tarte dans le bas du four préchauffé pendant 15...20 minutes.

e) Laissez refroidir la tarte avant de la démouler.

56. Sabayon

Ingrédient

- 6 jaunes d'oeufs
- ½ tasse de sucre
- ⅓ tasse de vin blanc moyen

a) Battre les jaunes d'œufs au batteur électrique dans le bain-marie jusqu'à ce qu'ils soient mousseux. Incorporer le sucre petit à petit. Verser juste assez d'eau chaude dans le fond du bain-marie pour que la partie supérieure ne touche pas l'eau.

b) Cuire les jaunes d'œufs à feu moyen ; incorporer lentement le vin en battant à grande vitesse jusqu'à ce que le mélange soit lisse, pâle et suffisamment épais pour former des monticules mous.

c) Servir immédiatement dans des verres à pied peu profonds.

57. Fruits d'hiver au vin rouge

Ingrédient

- 1 citron
- 500 millilitres de vin rouge
- 450 grammes de sucre en poudre
- 1 gousse de vanille coupée en deux
- 3 feuilles de laurier
- 1 bâton de cannelle
- 12 grains de poivre noir
- 4 petites poires
- 12 pruneaux sans trempage
- 12 abricots sans trempage

Instructions

a) Prélevez une bande de zeste de citron et coupez le citron en deux. Mettez le zeste de citron, le sucre, le vin, la gousse de vanille, les feuilles de laurier et les épices dans une grande casserole non réactive et faites bouillir en remuant.

b) Pelez les poires et frottez-les avec la face coupée du citron pour éviter qu'elles ne se décolorent. Portez à nouveau le sirop de vin rouge à ébullition, baissez le feu et ajoutez les poires.

c) Ajoutez les pruneaux et les abricots aux poires. Remettez le couvercle et laissez refroidir complètement avant de réfrigérer toute la nuit.

58. Gâteau au thé au citron

Ingrédient

- ½ tasse de vin rouge sec
- 3 cuillères à soupe de jus de citron frais
- 1½ cuillère à soupe de fécule de maïs
- 1 tasse de bleuets frais
- Pincée de cannelle moulue et de muscade
- ½ tasse de beurre non salé; température ambiante
- 1 tasse de sucre
- 3 gros œufs
- 2 cuillères à soupe de zeste de citron râpé
- 2 cuillères à soupe de jus de citron frais
- 1 cuillère à café d'extrait de vanille
- 1½ tasse de farine à gâteau tamisée
- ½ cuillère à café de levure chimique et ¼ de bicarbonate de soude
- ¼ cuillère à café de sel

- ½ tasse de crème sure

Instructions

a) Mélanger l'eau, le sucre, le vin rouge sec, le jus de citron frais et la fécule de maïs dans une casserole moyenne.

b) Ajoutez les myrtilles. Faites bouillir jusqu'à ce que la sauce épaississe suffisamment pour recouvrir le dos de la cuillère, en remuant constamment, pendant environ 5 minutes.

c) Battre le beurre et le sucre dans un grand bol jusqu'à ce que le mélange soit mousseux. Incorporer les œufs, un à la fois. Incorporer le zeste de citron râpé, le jus de citron et l'extrait de vanille. Tamiser la farine à gâteau, la levure chimique, le bicarbonate de soude et le sel dans un bol moyen.

d) Verser la pâte dans le moule préparé. Cuire au four puis laisser refroidir le gâteau sur une grille pendant 10 minutes.

59. Vin et Safran Moules infusées

Ingrédient

- 2 oignons, pelés et coupés en deux
- 2 piments rouges, tige retirée
- 2 cuillères à soupe d'huile d'olive
- 1/2 cuillère à café de filaments de safran, trempés dans 2 cuillères à soupe d'eau chaude
- 300 ml de vin blanc sec
- 500 ml de bouillon de poisson
- 2 cuillères à soupe de concentré de tomate
- Flocons de sel de mer et poivre noir fraîchement moulu
- 1 kg de moules fraîches, barbées et nettoyées
- Quelques brins de thym

Instructions :

a) Ajoutez les oignons et les piments au robot.

b) Placez la poêle sur feu moyen-doux, ajoutez les oignons et les piments et faites cuire en remuant pendant 5 minutes jusqu'à ce que les oignons brillent et ramollissent.

c) Ajoutez le mélange de filaments de safran et laissez cuire 30 secondes. Ajoutez le vin, le fumet de poisson, la pâte de tomate et assaisonnez bien avec le sel et le poivre. Portez à ébullition, réduisez le feu à doux et laissez mijoter 5 minutes

d) Augmentez le feu à vif, lorsque la sauce bout, ajoutez les moules et les brins de thym. Couvrez et laissez cuire 3 à 5 minutes, en secouant la casserole de temps en temps, jusqu'à ce que les moules s'ouvrent à la vapeur.

e) Servir immédiatement avec du pain croustillant

60. Saint-Jacques à la sauce au vin

Ingrédient

- 2 livres de pétoncles de mer
- 2 cuillères à soupe d'huile d'olive
- ¼ cuillère à soupe de flocons de piment fort
- 2 gousses d'ail finement hachées
- 1 cuillère à soupe de vin blanc
- 1 cuillère à soupe de poudre de curry
- 1 petite tomate; pelée, épépinée et hachée
- ¼ tasse de crème épaisse
- 2 cuillères à soupe de sauce Tabasco
- Sel et poivre au goût
- 1 cuillère à soupe de persil finement haché

Instructions

a) Versez un peu d'huile d'olive dans l'une des poêles sur la cuisinière. Ajoutez ensuite les flocons de piment rouge, l'ail et le vin blanc. Ajoutez tous les pétoncles de mer dans la poêle. Couvrez la poêle et laissez cuire les pétoncles à feu moyen/élevé jusqu'à ce qu'ils deviennent fermes et opaques .

b) Retirez la casserole du feu et transférez les pétoncles dans un grand bol de service. Ajoutez 1 cuillère à soupe d'huile et la poudre de curry dans une petite casserole et faites cuire pendant 1 à 2 minutes.

c) Ajoutez le liquide de pétoncles réservé à la casserole d'huile et de curry en filtrant $\frac{3}{4}$ de tasse à travers une étamine ou un filtre à café. Dans la même casserole, ajoutez les morceaux de tomates, la crème, le Tabasco, le sel, le poivre et le persil, et faites chauffer pendant 2 à 3 minutes.

.

61. flétan sauce au vin

Ingrédient

- 3 cuillères à soupe d'échalotes hachées
- 1½ livre de steaks de flétan; 1 pouce d'épaisseur, coupés en morceaux de 4 pouces
- 1 tasse de vin blanc sec
- 2 tomates prunes moyennes hachées
- ½ cuillère à café d'estragon séché
- ¼ cuillère à café de sel
- ⅛ cuillère à café de poivre
- 2 cuillères à soupe d'huile d'olive

Instructions

a) Préchauffer le four à 450 degrés. Répartir les échalotes au fond d'un plat de cuisson de 1 ½ à 2 litres. Placer le poisson dans un plat de cuisson peu profond et verser le vin.

b) Saupoudrer le poisson de tomates hachées, d'estragon, de sel et de poivre. Arroser d'huile.

c) Cuire au four 10 à 12 minutes, jusqu'à ce que le poisson soit complètement opaque. Retirer le poisson à l'aide d'une spatule à fentes et le déposer dans un plat de service. Retirer la peau.

d) Placez le plat de cuisson (s'il est en métal) sur un feu de cuisinière ou versez le liquide et les légumes dans une petite casserole. Faites bouillir à feu vif jusqu'à ce que la sauce réduise légèrement, 1 à 2 minutes. Versez la sauce sur le poisson et servez.

62. Rouleaux de viande grecs à la sauce au vin

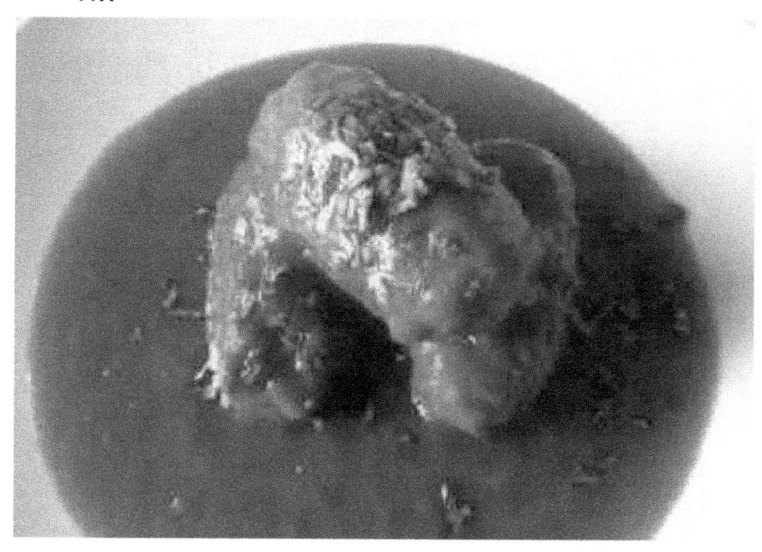

Ingrédient

- 2 livres de bœuf haché maigre ou de dinde
- 4 tranches de pain blanc sec grillé, émietté
- Oignon et ail
- 1 œuf légèrement battu
- 1 cuillère à soupe de sucre
- Pincée de sel, cumin, poivre noir
- Farine (environ 1/2 C.)
- 1 boîte (12 oz) de concentré de tomates
- 1½ tasse de vin rouge sec
- 2 cuillères à café de sel
- Riz cuit à la vapeur
- Persil haché

Instructions

a) Mélanger les ingrédients secs jusqu'à ce qu'ils soient bien mélangés et fermes.

b) Humidifiez vos mains avec de l'eau froide et façonnez des cuillerées à soupe du mélange de viande en rouleaux (bûches) d'environ 2-½" à 3" de long. Enrobez légèrement chaque rouleau de farine.

c) Dans une poêle profonde, faites chauffer environ 1,2 cm d'huile et faites dorer les petits pains quelques-uns à la fois, en prenant soin de ne pas les entasser. Retirez les petits pains dorés sur du papier absorbant pour les égoutter.

d) Dans un faitout, fouettez ensemble la pâte de tomate, l'eau, le vin, le sel et le cumin. Ajoutez les rouleaux de viande à la sauce. Couvrez et laissez mijoter pendant 45 minutes à une heure, jusqu'à ce que les rouleaux de viande soient bien cuits. Goûtez la sauce et ajoutez du sel si nécessaire.

63. Lentilles aux légumes glacés

Ingrédient

- 1½ tasse de lentilles vertes françaises, triées et rincées

- 1½ cuillère à café de sel; divisé

- 1 feuille de laurier

- 2 cuillères à café d'huile d'olive

- Oignon, céleri, ail

- 1 cuillère à soupe de concentré de tomate

- ⅔ tasse de vin rouge sec
- 2 cuillères à café de moutarde de Dijon
- 2 cuillères à soupe de beurre ou d'huile d'olive extra vierge
- Poivre fraîchement moulu au goût
- 2 cuillères à café de persil frais

Instructions

a) Mettez les lentilles dans une casserole avec 3 tasses d'eau, 1 c. à thé de sel et la feuille de laurier. Portez à ébullition.

b) Pendant ce temps, faites chauffer l'huile dans une poêle moyenne. Ajoutez l'oignon, la carotte et le céleri, assaisonnez avec ½ c. à thé de sel et faites cuire à feu moyen-vif, en remuant fréquemment, jusqu'à ce que les légumes soient dorés, environ 10 minutes.

Ajoutez l'ail et la pâte de tomate, faites cuire encore 1 minute, puis ajoutez le vin.

c) Portez à ébullition, puis baissez le feu et laissez mijoter à couvert jusqu'à ce que le liquide soit sirupeux.

d) Incorporez la moutarde et ajoutez les lentilles cuites ainsi que leur bouillon.

e) Laissez mijoter jusqu'à ce que la sauce soit presque réduite, puis ajoutez le beurre et assaisonnez de poivre.

64. Flétan à la sauce aux légumes

Ingrédient

- 2 livres de flétan
- $\frac{1}{4}$ tasse de farine
- $\frac{1}{2}$ cuillère à café de sel
- Poivre blanc
- 1 cuillère à soupe de persil haché
- $\frac{1}{4}$ tasse d'huile d'olive
- 1 gousse d'ail écrasée
- 1 gros oignon haché
- 1 carotte râpée
- 2 tiges de céleri hachées
- 1 grosse tomate hachée
- $\frac{1}{4}$ tasse d'eau
- $\frac{3}{4}$ tasse de vin blanc sec

Instructions

a) Mélanger la farine, le sel, le poivre et le persil : saupoudrer le poisson avec le mélange de farine. Chauffer l'huile d'olive dans une poêle ; ajouter le flétan et faire revenir jusqu'à ce qu'il soit doré des deux côtés.

b) Retirer de la poêle et réserver. Ajouter l'ail, l'oignon, la carotte et le céleri dans la poêle : faire revenir 10 à 15 minutes, jusqu'à ce qu'ils soient tendres. Ajouter la tomate et l'eau, laisser mijoter 10 minutes.

c) Retirer la sauce du feu et la verser dans le mélangeur; réduire en purée. Incorporer le vin. Remettre dans la poêle: placer le poisson dans la sauce. Couvrir et laisser mijoter 5 minutes.

65. Saucisses aux herbes et au vin

Ingrédient

- ½ livre de saucisses italiennes douces
- ½ livre de saucisses italiennes piquantes
- ½ livre de Kielbasa
- ½ livre de Buckhurst (saucisse de veau)
- 5 oignons verts, hachés
- 2 tasses de vin blanc sec
- 1 cuillère à soupe de feuilles de thym frais hachées
- 1 cuillère à soupe de persil frais finement haché
- ½ cuillère à café de sauce au piment Tabasco

Instructions

a) Coupez les saucisses en morceaux de 1,25 cm (½ po). Dans une poêle profonde à feu moyen, faites cuire les saucisses italiennes pendant 3 à 5 minutes ou jusqu'à ce qu'elles soient légèrement dorées. Égouttez la graisse. Ajoutez le reste des saucisses et les oignons verts et faites cuire pendant 5 minutes supplémentaires.

b) Réduisez le feu à doux, ajoutez le reste des ingrédients et laissez mijoter pendant 20 minutes en remuant de temps en temps. Servez immédiatement ou gardez au chaud dans un plat à réchaud. Servez avec des cure-dents.

66. poisson au vin blanc

Ingrédient

- ⅔ tasse de raisins verts sans pépins, coupés en deux
- ¾ tasse de vin blanc sec
- Quatre; (6 à 8 onces)
- plie sans peau
- ⅓ tasse de feuilles de persil frais hachées
- 1 cuillère à soupe de thym frais haché
- ¼ tasse d'oignon haché
- 2 cuillères à soupe de beurre non salé
- 1 cuillère à soupe de farine tout usage
- ¼ tasse de crème épaisse
- 1 cuillère à café de jus de citron frais

Instructions

a) Dans une petite casserole, laissez macérer les moitiés de raisin dans le vin pendant 1 heure.

b) Couper les filets en deux dans le sens de la longueur, les assaisonner de sel et de poivre et parsemer les côtés sans peau de persil et de thym. Enrouler chaque moitié de filet avec 1 des raisins réservés au milieu et maintenir le tout avec un pic en bois.

c) Dans une petite casserole, faites cuire l'oignon dans le beurre , ajoutez la farine et faites cuire le roux .

d) Ajoutez la crème, les raisins macérés, le jus de citron, salez et poivrez au goût et faites bouillir la sauce en remuant pendant 3 minutes.

e) Égouttez le liquide qui s'est accumulé dans l'assiette, répartissez les rouleaux de poisson dans 4 assiettes chauffées et versez la sauce dessus.

67. Tofu aux herbes et sauce au vin blanc

Ingrédient

- 2 cuillères à soupe de margarine (soja)
- 1½ cuillère à soupe de farine
- ½ tasse de lait (de soja)
- ½ tasse de vin blanc
- 1 quartier d'oignon
- 1 trait de clou de girofle moulu
- 1 pincée de sel
- ½ livre environ de tofu aux herbes, coupé en cubes
- Vos pâtes préférées, ça suffit

Instructions

a) Faire fondre la margarine dans une poêle et incorporer la farine en fouettant. Laisser refroidir un peu puis incorporer le vin et le lait (de soja).

b) Ajoutez l'oignon, les clous de girofle et le sel à la sauce et remuez à feu doux jusqu'à ce que la sauce épaississe légèrement. Si elle devient trop épaisse, ajoutez un peu d'eau. Ajoutez le tofu et laissez mijoter pendant que vous faites cuire les pâtes.

c) Servez le tofu et la sauce sur les pâtes, en donnant l'oignon à la personne qui les préfère.

68. Poulpe grillé en marinade au vin rouge

Ingrédient

- 2 poulpes nettoyés de 1 1/2 livre
- Carottes, céleri et oignon
- 2 feuilles de laurier
- 2 cuillères à café de sel
- Grains de poivre noir entiers et thym séché
- 2 tasses de vin rouge
- 3 cuillères à soupe d'huile d'olive extra vierge
- 3 cuillères à soupe de vinaigre de vin rouge
- 3 cuillères à soupe de vin rouge sec
- Sel, poivre noir fraîchement moulu
- 1 ⅓ tasse de bouillon de cuisson de poulpe filtré
- ¼ tasse d'huile d'olive extra vierge
- 1 cuillère à soupe de jus de citron

- 2 cuillères à soupe de beurre

Instructions

a) Dans une grande casserole, mélanger le poulpe, les carottes, le céleri, l'oignon, les feuilles de laurier, le sel, le poivre, le thym, le vin rouge et l'eau. Porter à ébullition lente.

b) Préparez la marinade : dans un petit bol, mélangez les ingrédients de la marinade. Versez sur le poulpe et mélangez pour bien enrober.

c) Préparez la sauce : dans une petite casserole, mélangez le bouillon réservé, l'huile d'olive, le jus de citron et le vinaigre. Ajoutez le persil.

d) Faire griller pendant 4 minutes, en retournant fréquemment, jusqu'à ce que le tout soit légèrement carbonisé et bien chaud.

69. Plantains sucrés cuits au four dans du vin

Ingrédient

- 4 chacune Plantains très mûrs
- 1 tasse d'huile d'olive
- ½ tasse de sucre brun
- ½ cuillère à café de cannelle moulue
- 1 tasse de vin de Xérès

Instructions

a) Préchauffer le four à 180 °C. Retirer la peau des bananes plantains et les couper en deux dans le sens de la longueur. Dans une grande sauteuse, faire chauffer l'huile à feu moyen et ajouter les bananes plantains.

b) Faites-les cuire jusqu'à ce qu'elles soient légèrement dorées de chaque côté. Placez-les dans un grand plat à four et saupoudrez de sucre. Ajoutez la cannelle et recouvrez de vin. Faites cuire au four pendant 30 minutes ou jusqu'à ce qu'elles prennent une teinte rougeâtre.

70. Pâtes à la sauce citronnée et au vin blanc

Ingrédient

- 1½ livre de pâtes; votre choix
- 1 poitrine de poulet entière, cuite, en julienne
- 10 onces d'asperges blanchies
- ¼ tasse de beurre
- ½ petit oignon
- 4 cuillères à soupe de farine tout usage
- 2 tasses de vin blanc sec
- 2 tasses de bouillon de poulet
- 12 cuillères à café de zeste de citron
- 1 cuillère à soupe de thym frais haché
- 1 cuillère à soupe d'aneth frais haché
- 3 cuillères à soupe de moutarde de Dijon
- Sel et poivre; au goût
- Fromage parmesan râpé

Instructions

a) Cuire les pâtes et les maintenir. Cuire la poitrine de poulet et blanchir les asperges ; maintenir. Chauffer le beurre dans une grande casserole à feu moyen-doux. Ajouter l'oignon et faire revenir jusqu'à ce qu'il soit légèrement doré et très tendre.

b) Ajoutez la farine et baissez le feu. Mélangez jusqu'à ce que le mélange soit homogène. Ajoutez très progressivement le vin blanc et le bouillon.

c) Portez la sauce à ébullition puis laissez mijoter pendant 10 minutes. Ajoutez le zeste de citron, le thym, l'aneth, la moutarde et assaisonnez au goût avec du sel et du poivre blanc. Ajoutez le poulet cuit et coupé en julienne et les asperges.

71. Pâtes aux moules au vin

Ingrédient

- 1 livre de moules (dans leurs coquilles)
- Vin blanc (assez pour remplir une grande casserole peu profonde d'environ 1/2 pouce)
- 2 grosses gousses d'ail, finement hachées
- 2 cuillères à soupe d'huile d'olive
- 1 cuillère à café de poivre fraîchement moulu
- 3 cuillères à soupe de basilic frais haché
- 1 grosse tomate, hachée grossièrement
- 2 livres de pâtes

Instructions

a) Lavez soigneusement les moules, retirez-en les barbes et grattez les coquilles si nécessaire. Mettez-les dans une casserole avec le vin.

b) Couvrir hermétiquement et cuire à la vapeur jusqu'à ce que les coquilles s'ouvrent. Pendant que les moules refroidissent un peu, mettez le bouillon de vin sur feu moyen et ajoutez l'ail, l'huile d'olive, le poivre, la tomate et le basilic.

c) Versez la sauce sur les linguines ou les fettucini chauds et servez !

72. Fettucine au vin rouge et olives

Ingrédient

- 2½ tasse de farine
- 1 tasse de farine de semoule
- 2 oeufs
- 1 tasse de vin rouge sec
- 1 portion de lumache alla marchigiana

Instructions

a) Pour préparer les pâtes : faites un puits avec la farine et mettez les œufs et le vin au centre.

b) À l'aide d'une fourchette, battez ensemble les œufs et le vin et commencez à incorporer la farine en commençant par le bord intérieur du puits.

c) Commencez à pétrir la pâte avec les deux mains, en utilisant la paume de vos mains.

d) Étalez les pâtes jusqu'à ce qu'elles soient très fines sur la machine à pâtes.

Coupez les pâtes en nouilles d'un quart de pouce d'épaisseur à la main ou à la machine et réservez-les sous un torchon humide.

e) Portez 6 litres d'eau à ébullition et ajoutez 2 cuillères à soupe de sel. Faites chauffer les escargots jusqu'à ébullition et réservez.

f) Plongez les pâtes dans l'eau et faites-les cuire jusqu'à ce qu'elles soient tendres. Égouttez les pâtes et mettez-les dans la poêle avec les escargots, en remuant bien pour bien les enrober. Servez immédiatement dans un plat de service chaud.

73. Pâtes Orecchiette et poulet

Ingrédient

- 6 grosses cuisses de poulet, désossées et sans peau
- Sel et poivre noir fraîchement moulu, au goût
- 2 cuillères à soupe d'huile d'olive ou de canola
- ½ livre de champignons shiitake frais
- Oignon, ail, carottes et céleri
- 2 tasses de vin rouge copieux
- 2 tasses de tomates mûres, coupées en dés et épépinées
- 1 cuillère à café de thym frais/sauge fraîche
- 4 tasses de bouillon de poulet
- ⅓ tasse de persil finement haché
- ½ livre de pâtes Orecchiette, non cuites
- ¼ tasse de basilic frais haché

- ¼ tasse de tomates séchées au soleil égouttées

- Brins de basilic frais

- Fromage Asiago ou parmesan fraîchement râpé

Instructions

a) Assaisonner le poulet et le faire dorer rapidement à feu vif.

b) Ajoutez les champignons, l'oignon, l'ail, les carottes et le céleri et faites revenir jusqu'à ce qu'ils soient légèrement dorés. Remettez le poulet dans la poêle et ajoutez le vin, les tomates, le thym, la sauge et le bouillon et portez à ébullition. Ajoutez le persil et gardez au chaud.

c) Préparez les pâtes et servez. Garnissez de brins de basilic et de fromage râpé.

74. Bœuf à la sauce portobello

Ingrédient

- 500 grammes de bœuf haché maigre
- ½ Vin rouge sec
- ½ cuillère à café de poivre moulu grossièrement
- 4 cuillères à soupe de fromage Roquefort ou Stilton
- ¾ livres de Portobellos ; (375 g ou 4 moyens)

Instructions

a) Faire dorer la viande 2 à 4 minutes de chaque côté

b) Versez ½ tasse de vin et poivrez généreusement les galettes.

c) Réduire le feu à moyen et laisser mijoter à découvert pendant 3 minutes. Retourner les galettes, émietter le fromage dessus et laisser mijoter à découvert jusqu'à ce que le fromage commence à fondre, environ 3 minutes.

d) Pendant ce temps, séparez les tiges des chapeaux des champignons. Coupez les tiges et les chapeaux en tranches épaisses.

e) Ajoutez les champignons au vin dans la poêle et remuez constamment jusqu'à ce qu'ils soient chauds .

f) Répartir les champignons autour des galettes, puis verser la sauce dessus.

75. Saucisse italienne au fromage et au vin rouge

Ingrédient

- 4 livres de porc, désossé, épaule ou fesse
- 1 cuillère à soupe de graines de fenouil, moulues dans un mortier
- 2 feuilles de laurier écrasées
- ¼ tasse de persil haché
- 5 Ail, pressé
- ½ cuillère à café de flocons de poivre rouge
- 3 cuillères à café de sel casher
- 1 cuillère à café de poivre noir fraîchement moulu
- 1 tasse de fromage, parmesan ou romano, râpé
- ¾ tasse de vin rouge
- 4 boyaux à saucisses (environ

Instructions

a) Hachez la viande dans un robot culinaire ou dans un hachoir à viande Kitchen Aid pour mixeur.

b) Mélanger tous les ingrédients et laisser reposer 1 heure pour que les saveurs puissent se mélanger.

c) Remplissez les saucisses avec l'accessoire pour farce à saucisses Kitchen Aid ou achetez-les à la main avec un entonnoir à saucisses.

76. Champignons et tofu au vin

Ingrédient

- 1 cuillère à soupe d'huile de carthame
- 2 gousses d'ail hachées
- 1 gros oignon, haché
- 1½ livre de champignons, tranchés
- ½ poivron vert moyen, coupé en dés
- ½ tasse de vin blanc sec
- ¼ tasse de tamari
- ½ cuillère à café de gingembre râpé
- 2 cuillères à café d'huile de sésame
- 1½ cuillère à soupe de fécule de maïs
- 2 galettes de tofu râpées
- Amandes concassées

Instructions

a) Chauffer le carthame dans un wok. Lorsqu'il est chaud, ajouter l'ail et l'oignon et faire revenir à feu moyen-doux jusqu'à ce que l'oignon soit translucide. Ajouter les champignons, le poivron, le vin, le tamari, le gingembre et l'huile de sésame. Mélanger.

b) Dissoudre la fécule de maïs dans une petite quantité d'eau et incorporer dans la poêle.

c) Incorporer le tofu, couvrir et laisser mijoter encore 2 minutes.

77. Soupe d'abricots au vin

Ingrédient

- 32 onces d'abricots en conserve; non égouttés
- 8 onces de crème sure
- 1 tasse de Chablis ou de vin blanc sec
- ¼ tasse de liqueur d'abricot
- 2 cuillères à soupe de jus de citron
- 2 cuillères à café d'extrait de vanille
- ¼ cuillère à café de cannelle moulue

Instructions

a) Mélanger tous les ingrédients dans le récipient d'un mixeur électrique ou d'un robot culinaire et mélanger jusqu'à obtenir une consistance lisse.

b) Couvrir et laisser refroidir complètement. Verser la soupe dans des bols à soupe individuels. Garnir de crème sure supplémentaire et de cannelle moulue.

78. Soupe de champignons au vin rouge

Ingrédient

- 50 G; (2-3oz) de beurre, (50 à 75)
- 1 gros oignon haché
- 500 grammes de champignons de Paris tranchés (1 lb)
- 300 millilitres de vin rouge sec; (1/2 pinte)
- 900 millilitres de bouillon de légumes; (1 1/2 pintes)
- 450 millilitres de crème double; (3/4 pinte)
- Un petit bouquet de persil frais, haché finement, pour garnir

Instructions

a) Faites fondre 25 g (1 oz) de beurre dans une petite poêle à feu moyen-doux et faites revenir l'oignon pendant 2 à 3 minutes, jusqu'à ce qu'il soit tendre, en remuant fréquemment.

b) Faites chauffer 25 g (1 oz) de beurre supplémentaire dans une grande casserole à feu moyen-doux.

c) Ajoutez les champignons et faites-les revenir pendant 8 à 10 minutes, jusqu'à ce qu'ils soient tendres .

d) Ajoutez le vin et laissez cuire encore 5 minutes. Ajoutez le bouillon et l'oignon et laissez mijoter doucement, sans faire bouillir, à feu doux, pendant 15 minutes.

e) Au moment de servir, réchauffer doucement la soupe à feu doux et incorporer la crème .

79. Borleves (soupe au vin)

Ingrédient

- 4 tasses de vin rouge ou blanc
- 2 tasses d'eau
- 1 cuillère à café de zeste de citron râpé
- 8 clous de girofle
- 1 bâton de cannelle
- 3 jaunes d'oeufs chacun
- ¾ tasse de sucre

Instructions

a) Versez le vin et l'eau dans la casserole. Ajoutez le zeste de citron râpé, les clous de girofle et la cannelle. Laissez mijoter à feu doux pendant 30 minutes.

b) Retirez du feu et jetez les clous de girofle et le bâton de cannelle. Dans le petit bol, battez les jaunes d'œufs avec un fouet métallique. Ajoutez le sucre petit à petit et continuez de battre jusqu'à ce que le mélange soit épais.

Incorporez le mélange de jaunes d'œufs à la soupe chaude.

c) Remettez la casserole sur le feu et portez à frémissement. Ne laissez pas la soupe bouillir, sinon les jaunes d'œufs risquent de brouiller. Servez dans des tasses chaudes.

80. Soupe au vin de cerise

Ingrédient

- 1 once de cerises rouges acidulées dénoyautées
- 1½ tasse d'eau
- ½ tasse de sucre
- 1 cuillère à soupe de tapioca à cuisson rapide
- ⅛ cuillère à café de clous de girofle moulus
- ½ tasse de vin rouge sec

Instructions

a) Dans une casserole de 1½ litre, mélanger les cerises non égouttées, l'eau, le sucre, le tapioca et les clous de girofle. Laisser reposer 5 minutes. Porter à ébullition.

b) Réduire le feu, couvrir et laisser mijoter pendant 15 minutes en remuant de temps en temps.

c) Retirer du feu et incorporer le vin. Couvrir et laisser refroidir en remuant de temps en temps. Donne 6 à 8 portions.

81. Soupe aux pommes danoise

Ingrédient

- 2 grosses pommes, épépinées et parées
- 2 tasses d'eau
- 1 bâton de cannelle (2")
- 3 clous de girofle entiers
- $\frac{1}{8}$ cuillère à café de sel
- $\frac{1}{2}$ tasse de sucre
- 1 cuillère à soupe de fécule de maïs
- 1 tasse de prunes fraîches, non pelées et tranchées
- 1 tasse de pêches fraîches, pelées et coupées
- $\frac{1}{4}$ tasse de vin de Porto

Instructions

a) Mélanger les pommes, l'eau, le bâton de cannelle, les clous de girofle et le sel dans une casserole moyenne à grande.

b) Mélangez le sucre et la fécule de maïs et ajoutez-les au mélange de purée de pommes.

c) Ajoutez les prunes et les pêches et laissez mijoter jusqu'à ce que ces fruits soient tendres et que le mélange ait légèrement épaissi.

d) Ajoutez le porto.

e) Garnissez chaque portion individuelle d'une cuillerée de crème sure légère ou de yogourt à la vanille sans gras.

82. Salade de gelée au vin et aux canneberges

Ingrédient

- 1 gros paquet de gelée à la framboise
- 1¼ tasse d'eau bouillante
- 1 grande boîte de sauce aux canneberges entières
- 1 grande boîte non égouttée écrasée
- Ananas
- 1 tasse de noix hachées
- ¾ tasse de vin de Porto
- 8 onces de fromage à la crème
- 1 tasse de crème sure
- Dissoudre la gelée dans l'eau bouillante. Incorporer soigneusement la sauce aux canneberges.

Instructions

a) Ajoutez l'ananas, les noix et le vin. Versez dans un plat en verre de 9 x 13 pouces et réfrigérez pendant 24 heures.

b) Au moment de servir, remuez le fromage
à la crème jusqu'à ce qu'il soit mou,
ajoutez la crème sure et battez bien.
étalez sur la gélatine .

83. Moutarde de Dijon aux herbes et au vin

Ingrédient

- 1 tasse de moutarde de Dijon
- ½ cuillère à café de basilic
- ½ cuillère à café d'estragon
- ¼ tasse de vin rouge

Instructions

a) Mélanger tous les ingrédients .

b) Réfrigérer toute la nuit pour mélanger les saveurs avant utilisation. Conserver au réfrigérateur.

84. Bucatini infusé au vin

Ingrédient

- 2 cuillères à soupe d'huile d'olive, divisées
- 4 saucisses de porc épicées à l'italienne
- 1 grosse échalote, tranchée
- 4 gousses d'ail hachées
- 1 cuillère à soupe de paprika fumé
- 1 pincée de poivre de Cayenne
- 1 pincée de flocons de piment rouge écrasés
- Sel, au goût
- 2 tasses de vin blanc sec,
- 1 boîte (14,5 onces) de tomates en dés rôties
- 1 livre de bucatini
- 1 cuillère à soupe de beurre non salé
- 1/2 tasse de parmesan fraîchement râpé
- 1/2 tasse de persil frais haché

Instructions :

a) Dans une grande casserole ou un faitout, faites chauffer 1 cuillère à soupe d'huile d'olive à feu moyen. Ajoutez les saucisses et faites-les cuire jusqu'à ce qu'elles soient dorées, environ 8 minutes.

b) Ajoutez l'ail et laissez cuire encore une minute. Lorsque l'ail est parfumé et doré, ajoutez le paprika fumé, le poivre de Cayenne et les flocons de piment rouge. Assaisonnez avec du sel et du poivre.

c) Déglacez la poêle avec le vin en grattant les sucs bruns du fond de la poêle.

d) Ajoutez les tomates en dés rôties au feu et l'eau et portez à ébullition. Ajoutez les bucatini et faites cuire.

e) Lorsque les pâtes sont cuites, incorporez la saucisse réservée, le beurre, le parmesan et le persil haché.

f) Assaisonnez avec du sel et du poivre et dégustez !

85. Asperges au vin

Ingrédient

- 2 livres d'asperges
- Eau bouillante
- ¼ tasse de beurre
- ¼ tasse de vin blanc
- ½ cuillère à café de sel
- ¼ cuillère à café de poivre

Instructions

a) Lavez les asperges et coupez les extrémités. Déposez les asperges dans une casserole peu profonde et couvrez-les d'eau bouillante salée. Portez à ébullition et laissez mijoter pendant 8 minutes.

b) Égoutter et verser dans des ramequins beurrés. Faire fondre le beurre et incorporer le vin. Verser sur les asperges. Saupoudrer de sel, de poivre et de fromage. Cuire au four à 425' pendant 15 minutes.

86. Côtelettes de gibier marinées à la moutarde et au vin

Ingrédient

- 4 côtelettes de caribou ou de cerf
- ¼ cuillère à café de poivre
- 1 cuillère à café de sel
- 3 cuillères à soupe de moutarde moulue sur pierre
- 1 tasse de vin rouge

Instructions

a) Frotter les côtelettes avec la moutarde. Saler et poivrer. Recouvrir de vin et laisser mariner toute la nuit au réfrigérateur.

b) Griller au four ou au charbon de bois jusqu'à cuisson mi-saignante en arrosant avec la marinade.

Instructions

a) Draguez le poulet dans la fécule de maïs mélangée à 2 cuillères à café de sel et de poivre blanc.

b) Faites chauffer l'huile jusqu'à une profondeur de 1,27 cm dans une poêle épaisse et faites frire le poulet jusqu'à ce qu'il soit doré et tendre, environ 7 minutes de chaque côté.

c) Pour préparer la vinaigrette, mélanger l'huile, le vinaigre, le vin, l'ail, la moutarde, le sucre, le basilic, l'origan et l'estragon. Assaisonner au goût avec du sel et du poivre.

d) Mélanger les tranches de tomates, le poivron vert et les tranches d'oignon avec la vinaigrette et bien mélanger.

88. Oeufs en meurette

Ingrédient

- Échalotes; 6 pelées
- 2½ tasses de vin Beaujolais; plus
- 1 cuillère à soupe de vin Beaujolais
- 2 champignons blancs coupés en quartiers
- 3 tranches de bacon ; 2 hachées grossièrement
- 4 tranches de pain français
- 3 cuillères à soupe de beurre ramolli
- 2 gousses d'ail; 1 entière, écrasée,
- Plus 1 finement haché
- 1 feuille de laurier
- ½ tasse de bouillon de poulet
- 1¼ cuillère à soupe de farine
- 1 cuillère à soupe de vinaigre de vin rouge
- 4 gros œufs
- 1 cuillère à soupe de persil

Instructions

a) Faites rôtir les échalotes jusqu'à ce qu'elles soient bien dorées, en les arrosant d'une demi-tasse de vin. Ajoutez les champignons dans la poêle, placez-les sous le gril chaud pendant 5 minutes, ajoutez le bacon haché grossièrement et faites-les griller.

b) Préparez les croûtons : frottez les tranches de pain avec une gousse d'ail écrasée et placez-les sur une plaque à pâtisserie. Faites-les griller.

c) Pocher les œufs 2 minutes jusqu'à ce qu'ils soient cuits.

d) Verser la sauce sur les œufs, saupoudrer de persil et servir immédiatement.

89. Risotto au vin rouge et aux champignons

Ingrédient

- 1 once de champignons porcini séchés
- 2 tasses d'eau bouillante
- 1½ livre de champignons; cremini ou blancs
- 6 cuillères à soupe de beurre non salé
- 5½ tasses de bouillon de poulet
- 6 onces de pancetta; 1/4 pouce d'épaisseur
- 1 tasse d'oignon; haché finement
- Romarin frais et sauge
- 3 tasses de riz Arborio
- 2 tasses de vin rouge sec
- 3 cuillères à soupe de persil frais haché finement
- 1 tasse de parmesan fraîchement moulu

Instructions

a) Dans un petit bol, faire tremper les cèpes dans de l'eau bouillante pendant 30 minutes.

b) Faites cuire la pancetta à feu moyen. Ajoutez les champignons de Paris ou blancs finement hachés, les cuillères à soupe de beurre restantes, l'oignon, le romarin, la sauge, le sel et le poivre au goût tout en remuant jusqu'à ce que l'oignon soit ramolli. Incorporez le riz et faites cuire .

c) Ajoutez 1 tasse de bouillon frémissant et faites cuire en remuant constamment jusqu'à ce qu'il soit absorbé.

90. Gaspacho au vin rouge

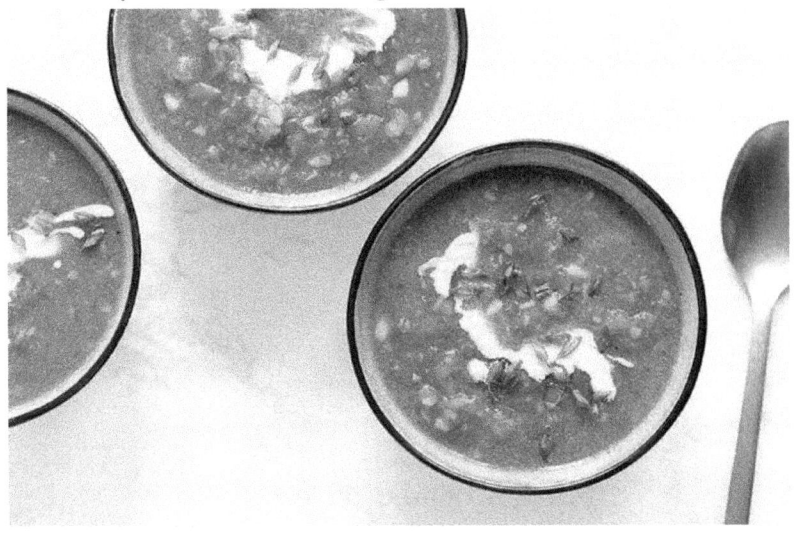

Ingrédient

- 2 tranches de pain blanc
- 1 tasse d'eau froide ; plus si nécessaire
- 1 livre de grosses tomates très mûres
- 1 poivron rouge
- 1 concombre moyen
- 1 gousse d'ail
- $\frac{1}{4}$ tasse d'huile d'olive
- $\frac{1}{2}$ tasse de vin rouge
- 3 cuillères à soupe de vinaigre de vin rouge ; plus si nécessaire
- Sel et poivre
- 1 pincée de sucre
- Glaçons (pour servir)

Instructions

a) Mettez le pain dans un petit bol, versez dessus l'eau et laissez tremper. Épépinez les tomates, coupez-les en diagonale et retirez les graines. Coupez la chair en gros morceaux.

b) Réduisez les légumes en purée au robot en deux fois, en ajoutant l'huile d'olive et le pain trempé à la dernière fois. Ajoutez le vin, le vinaigre, le sel, le poivre et le sucre.

c) Répartissez dans des bols, ajoutez un glaçon et recouvrez d'une bande nouée de peau de concombre.

91. Riz et légumes au vin

Ingrédient

- 2 cuillères à soupe d'huile
- 1 oignon haché
- 1 courgette moyenne, hachée
- 1 carotte moyenne, hachée
- 1 branche de céleri hachée
- 1 tasse de riz à grains longs
- 1¼ tasse de bouillon de légumes
- 1 tasse de vin blanc

Instructions

a) Chauffer l'huile dans une casserole et faire revenir l'oignon. Ajouter le reste des légumes et les faire revenir à feu moyen jusqu'à ce qu'ils soient légèrement dorés.

b) Ajoutez le riz, le bouillon de légumes et le vin blanc, couvrez et laissez cuire 15 à 20 minutes jusqu'à ce que tout le liquide soit absorbé.

92. Petit saumon farci au caviar

Ingrédient

- ½ tasse d'huile d'olive
- 1 livre d'os de saumon
- 1 livre de beurre
- 2 tasses de Mirepoix
- 4 feuilles de laurier
- Origan, thym, poivre en grains, blanc
- 4 cuillères à soupe de purée d'échalote
- ¼ tasse de Cognac
- 2 tasses de vin rouge
- 1 tasse de bouillon de poisson

Instructions

a) Dans une sauteuse, faites chauffer l'huile d'olive.

b) Ajoutez les arêtes de saumon dans la poêle et faites revenir pendant environ 1 minute.

c) Ajoutez le beurre (environ 2 cuillères à soupe), 1 tasse de mirepoix, 2 feuilles de laurier, ¼ cuillère à café de thym, ¼ cuillère à café de grains de poivre et 2 cuillères à soupe de purée d'échalotes. Ajoutez le cognac et flambez.

d) Déglacer avec 1 tasse de vin rouge et cuire à feu vif pendant 5 à 10 minutes.

e) Faire fondre le beurre. Ajouter 2 cuillères à soupe de purée d'échalote, 1 tasse de mirepoix, 2 feuilles de laurier, ¼ cuillère à café de grains de poivre, ¼ cuillère à café d'origan, ¼ cuillère à café de thym et 3 tasses de vin rouge.

f) Déglacer Filtrer et réserver.

93. Riz pilaf à l'ail et au vin

Ingrédient

- 1 zeste de 1 citron
- 8 gousses d'ail, pelées
- ½ tasse de persil
- 6 cuillères à soupe de beurre non salé
- 1 tasse de riz ordinaire (pas instantané)
- 1¼ tasse de bouillon de poulet
- ¾ tasse de vermouth sec
- Sel et poivre au goût

Instructions

a) Hachez ensemble le zeste de citron, l'ail et le persil.

b) Chauffer le beurre dans une casserole épaisse de 2 litres. Faire cuire le mélange d'ail très doucement pendant 10 minutes. Incorporer le riz.

c) Remuez à feu moyen pendant 2 minutes. Mélangez le bouillon et le vin dans une casserole. Incorporez au riz ; ajoutez du sel et du poivre fraîchement moulu.

d) Drapez une serviette sur la casserole et couvrez-la jusqu'au moment de servir.

e) Servir chaud ou à température ambiante .

94. Foie d'agneau basque sauce au vin rouge

Ingrédient

- 1 tasse de vin rouge sec
- 1 cuillère à soupe de vinaigre de vin rouge
- 2 cuillères à café d'ail frais haché
- 1 feuille de laurier
- ¼ cuillère à café de sel
- 1 livre de foie d'agneau
- 3 cuillères à soupe d'huile d'olive espagnole
- 3 tranches de bacon, hachées
- 3 cuillères à soupe de fromage italien finement haché
- Persil

Instructions

a) Mélanger le vin, le vinaigre, l'ail, le laurier et le sel dans un plat à four en verre. Ajouter le foie et bien l'enrober de marinade.

b) Ajoutez le bacon et faites-le cuire jusqu'à ce qu'il soit doré et croustillant. Égouttez-le sur du papier absorbant.

c) Retirer le foie de la marinade et séchez-le. Faites dorer le foie dans le jus de cuisson pendant 2 minutes de chaque côté. Retirez-le sur un plat chauffé.

d) Verser la marinade dans une poêle chaude et faire bouillir à découvert jusqu'à ce que la sauce réduise de moitié. Répartir les morceaux de bacon sur le foie, verser la marinade dessus et saupoudrer de persil.

95. Bœuf braisé au vin barolo

Ingrédient

- 2 gousses d'ail hachées
- 3½ livres de bœuf, rond inférieur ou mandrin
- Sel, poivre
- 2 feuilles de laurier, fraîches ou séchées
- Thym séché, pincée
- 5 tasses de vin, Barolo
- 3 cuillères à soupe de beurre
- 2 cuillères à soupe d'huile d'olive
- 1 oignon, moyen, finement haché
- 1 carotte, finement hachée
- 1 branche de céleri, finement hachée
- ½ livre de champignons blancs

Instructions

a) Frotter la viande avec l'ail. Assaisonner de sel et de poivre. Placer la viande dans un grand bol. Ajouter les feuilles de laurier, le thym et suffisamment de vin pour couvrir la viande.

b) Faites fondre 2 cuillères à soupe de beurre avec l'huile dans une grande casserole à fond épais. Lorsque le beurre mousse, ajoutez la viande. Faites dorer la viande de tous les côtés à feu moyen.

c) Retirer la viande de la cocotte. Ajouter l'oignon, la carotte et le céleri dans la cocotte. Faire revenir jusqu'à ce qu'ils soient légèrement dorés. Remettre la viande dans la cocotte. Verser la marinade réservée sur la viande à travers une passoire.

d) Faites fondre 1 cuillère à soupe de beurre dans une poêle moyenne. Faites revenir les champignons à feu vif jusqu'à ce qu'ils soient dorés. Ajoutez les champignons à la viande et laissez cuire 5 minutes de plus.

96. Escargot braisé au vin blanc

Ingrédient

- ¾ tasse d'huile d'olive; plus
- 2 cuillères à soupe d'huile d'olive
- 1½ livre de filets de scrod ; coupés en 2 x 2 morceaux
- ¼ tasse de farine pour le dragage; assaisonnée avec
- 1 cuillère à café de bayou blast
- 1 cuillère à café d'ail haché
- ½ tasse de tomates poires ou cerises
- ¼ tasse d'olives Kalamata; tranchées
- 2 tasses de feuilles d'origan légèrement tassées
- ¼ tasse de vin blanc sec
- 1 cuillère à café de zeste de citron haché

Instructions

a) Trempez les morceaux de poisson dans la farine assaisonnée et secouez pour enlever l'excédent.

b) Déposez délicatement tous les morceaux de poisson dans l'huile chaude et laissez cuire pendant 2 minutes.

c) Dans une grande sauteuse, faites chauffer les 2 cuillères à soupe d'huile d'olive restantes à feu moyen. Ajoutez l'ail haché et faites cuire pendant 30 secondes. Placez le poisson dans la poêle avec les tomates, les olives Kalamata, l'origan frais, le vin blanc, le zeste de citron, l'eau, le sel et le poivre.

d) Couvrir et laisser cuire 5 minutes à feu moyen. Servir la sauce arrosée de sauce.

97. Calamars en sauce

Ingrédient

- 16 petits calamars frais
- ¼ tasse d'huile d'olive extra vierge
- 1 cuillère à soupe d'oignon haché
- ½ cuillère à soupe d'ail haché
- ¼ cuillère à café de piment rouge écrasé
- ⅓ tasse de Chardonnay
- ¼ tasse de bouillon de poisson
- 3 brins de persil italien hachés
- Sel, poivre

Instructions

a) Nettoyez et décortiquez les calamars si cela n'a pas déjà été fait par la poissonnerie. Faites chauffer l'huile d'olive dans une poêle à feu moyen.

b) Faites revenir l'oignon, l'ail et le piment rouge écrasé pendant 30 secondes à feu moyen-vif, puis ajoutez les calamars tranchés et tous les autres ingrédients.

c) Portez la poêle à ébullition et laissez mijoter pendant environ trois minutes, jusqu'à ce que la sauce soit réduite d'environ un tiers. Pour deux entrées ou quatre hors-d'œuvre.

98. Queues de boeuf braisées au vin rouge

Ingrédient

- 6 livres de queues de bœuf
- 6 tasses de vin rouge
- ½ tasse de vinaigre de vin rouge
- 3 tasses d'oignons Cipollini ou d'oignons perlés
- 1½ tasse de céleri, tranché
- 2 tasses de carottes, tranchées
- 1 cuillère à café de baies de genièvre
- ½ cuillère à café de grains de poivre noir
- Sel casher, poivre noir
- ⅓ tasse de farine
- ¼ tasse d'huile d'olive
- ⅓ tasse de pâte de tomate
- 2 cuillères à soupe de persil

Instructions

a) Placez les queues de bœuf dans un grand bol non réactif. Ajoutez le vin, le vinaigre, les oignons cipollini, le céleri, les carottes, les baies de genièvre, les grains de poivre et le persil.

b) Faire revenir les queues de bœuf de tous côtés, dans l'huile, pendant 10 à 15 minutes .

c) Remettre les queues de bœuf dans la poêle avec la marinade, les baies de genièvre, les grains de poivre et 2 tasses d'eau. Incorporer la pâte de tomate jusqu'à ce qu'elle soit dissoute. Couvrir et cuire au four pendant 2 heures.

d) Ajoutez les légumes réservés. Laissez mijoter et rectifiez l'assaisonnement.

99. Casserole de poisson au vin

Ingrédient

- 2 cuillères à soupe de beurre ou de margarine
- 1 oignon moyen, finement tranché
- ½ tasse de vin blanc sec
- 2 livres de filets de flétan
- Lait
- 3 cuillères à soupe de farine
- Sel, poivre
- 8½ onces de petits pois en conserve, égouttés
- 1½ tasse de nouilles sautées chinoises

Instructions

a) Faire fondre le beurre. Ajouter l'oignon et faire chauffer à découvert au four à micro-ondes pendant 3 minutes . Ajouter le vin et le poisson et faire chauffer.

b) Égouttez le jus de cuisson dans une tasse à mesurer et ajoutez suffisamment de lait au jus de cuisson pour obtenir 2 tasses.

c) Faites fondre les 3 cuillères à soupe de beurre ou de margarine au four à micro-ondes pendant 30 secondes.

d) Incorporer la farine, le sel et le poivre. Incorporer progressivement le mélange liquide de poisson réservé.

e) Chauffer au four à micro-ondes, à découvert, pendant 6 minutes en remuant fréquemment jusqu'à ce que la sauce soit épaisse et lisse. Ajouter les petits pois à la sauce.

f) Ajoutez la sauce au poisson dans la cocotte et remuez doucement. Faites chauffer, à découvert, au four à micro-ondes pendant 2 minutes. Saupoudrez les nouilles sur le poisson et faites chauffer . Servez

100. Côtelettes de porc grillées infusées au vin

Ingrédient

- 2 bouteilles (16 onces) de vin de cuisine rouge Holland House®
- 1 cuillère à soupe de romarin frais haché
- 3 gousses d'ail hachées
- ⅓ tasse de sucre brun tassé
- 1 ½ cuillère à café de sel de table
- 1 cuillère à café de poivre fraîchement moulu
- 4 côtelettes de porc coupées au centre (8 onces) de 3/4 po d'épaisseur
- 1 cuillère à café de poudre de piment ancho

Instructions

a) Pour notre Verser le vin de cuisson dans un récipient non métallique . Ajouter le sucre, le sel et le poivre et remuer jusqu'à ce que le sucre et le sel soient dissous. Incorporer l'infusion d'arômes refroidie.

b) Placer les côtelettes de porc dans la saumure afin qu'elles soient complètement immergées.

c) Préchauffer le gril à feu moyen-doux, 325-350 degrés F.

d) Griller 10 minutes ; retourner et griller 4 à 6 minutes.

e) Retirer, couvrir de papier aluminium et laisser reposer 5 minutes avant de servir.

CONCLUSION

Les créateurs de recettes modernes passent beaucoup de temps à vanter les infusions, teintures et plats à base de vin faits maison. Et pour cause : les sirops et liqueurs personnalisés permettent aux bars de créer des cocktails signatures qui ne peuvent pas toujours être reproduits.

La plupart des ingrédients peuvent être utilisés pour infuser du vin. Cependant, les ingrédients qui contiennent naturellement de l'eau, comme les fruits frais, ont tendance à donner de meilleurs résultats.

Mais le choix vous appartient et l'expérimentation fait partie du plaisir. Quel que soit votre choix, les résultats seront agréables !